逻辑表达

井井有条的职场沟通术

U0810626

张伦锦 / 著

SPM
南方出版传媒
广东人民出版社
·广州·

图书在版编目（CIP）数据

逻辑表达：井井有条的职场沟通术 / 张伦锦著. —广州：广东人民出版社，2019.6（2023.7重印）
ISBN 978-7-218-13554-0

Ⅰ. ①逻… Ⅱ. ①张… Ⅲ. ①人际关系学 Ⅳ. ①C912.11

中国版本图书馆CIP数据核字（2019）第092906号

LUOJI BIAODA: JINGJINGYOUTIAO DE ZHICHANG GOUTONGSHU
逻辑表达：井井有条的职场沟通术 张伦锦 著 **版权所有 翻印必究**

出 版 人：肖风华

责任编辑：李锐锋 冼惠仪
装帧设计：陈宝玉
封面设计：蓝美华 肖乐明

统　　筹：广东人民出版社中山出版有限公司
执　　行：王　忠
地　　址：广东省中山市中山五路1号中山日报社8楼（邮编：528403）
电　　话：（0760）89882926　（0760）89882925

出版发行：广东人民出版社
地　　址：广东省广州市越秀区大沙头四马路10号（邮编：510199）
电　　话：（020）85716809（总编室）
传　　真：（020）83289585
网　　址：http：//www.gdpph.com
印　　刷：三河市华东印刷有限公司
开　　本：787mm×1092mm　1/32
印　　张：8.25　　**字　　数**：150千
版　　次：2019年6月第1版
印　　次：2023年7月第2次印刷
定　　价：42.80元

如发现印装质量问题影响阅读，请与出版社（0760-89882925）联系调换。
售书热线：（0760）88367862　邮购：（0760）89882925

前言 人人都可以成为职场沟通达人

我对职场最初的认知，来自大学二年级那年的暑假。当时我在一所证券公司实习，负责销售工作，从电话销售到银行驻点。在实习两个月的时间里，我尝试了多种不同的销售方式，也接触了不少客户，但销售业绩一直乏善可陈。因为我所学的专业并非与金融相关，也没有股票投资等相关知识与操作基础，自然而然地将自身业绩不好的原因归结于专业知识的缺乏。于是，我通过各种渠道的学习来提升自己的专业知识水平。

当我弄懂了一系列专业名词术语后，发现业绩情况并没有得到明显改善，潜在客户中要么是有相关经验并不需要进行专业知识普及的，要么是对股票等金融产品没什么了解的市场跟随者，如何将潜在客户转化为签单客户，这个过程中需要与客户交流的内容远不止产品专业知识内容这么简单。

在很长一段时间里，我困扰于如何提升工作业绩。随着实习的推进，在与资深同事进行交流、共同开展工作的过程中，我慢慢观察到一个有经验的销售人员是如何进行销售工作的，也越发感觉到专业知识只是影响业绩结果的部分因素，更重要的是在与客户的交流过程中进行良好的沟通。

销售工作本质上是一种沟通行为，如何与潜在客户进行沟通、将专业知识转化为销售过程中的语言话术，并在交流过程中完成双方的关系建立，挖掘客户需求并树立其认同感，从而完成从产品介绍到签单转化等动作，这些才是销售过程中的关键点所在。而这些信息的传递与目标达成，归根到底考验的是一个人的沟通表达能力及水平。

从那时起，我开始意识到高效表达在职场上是一种有力武器。能否根据不同场合下听众的需求将事情清晰完整地告诉对方，这是一种能力。哪怕从事的不是需要频繁与客户、供应商等合作伙伴打交道的业务性质岗位，在工作中，你也必然会遇到要与同事、上级沟通交流的时候。具备良好表达能力的人，往往能让听众拥有良好的听觉体验，在一次次的交流中不断提升你在对方心中的印象，对你产生正面的评价。

很多毕业生在面对职业选择时，如果没有从事自己所学的专业工作，会感到有点惋惜，会想着自己是否浪费了过去几年所学的知识。因为我们会认为那是大学四年带来的财富与价值。殊不知一段学习经历对我们最大的价值并不是某项具体的技能，而是通过学习带来的思维方式与行为习惯的改变。对于我们的职业发展而言如此，对我们的生活质量影响亦是如此。

在职场中，沟通表达能力的高低不在于我们的言辞是否华丽优美，而在于是否能用最简单、有逻辑性的语句让听者接收到有价值的信息。大多数人在职场表达上的问题不在于语句本身，而在于表达的逻辑性。

想象一个场景，假设你是一个一线客服，今天遇到了一个难缠的客户投诉，通过你与客户的耐心交流，总算平复了客户心中的怨气，让他接受了你提出的解决方案，投诉得到圆满解决。结束后，你向上级汇报这次客户投诉的处理情况，有以下两种方式：

汇报方式A：“经理，我刚处理了一个客户投诉，这个客户真的是太难缠了，已经投诉我们好几次。第一次投诉发货速度太慢，我们给他做了加急处理；加急之后还是一直在催促，前后催了我们不下3次；今天收到货后又投诉我们的产品质量有问题，要求退货。一开始，客户的情绪非常激动，表示非退货不可，我先安抚了客户的情绪；等客户平静下来后询问了一下他的使用方法，发现是他使用方法不当的问题；又给他做了一遍操作教学，前后一共花了半个多小时。讲电话都讲得我口干了，真的很难缠。不过有了这次经历，以后再遇到这种客户我就有经验了，应该处理起来会更快些。”

汇报方式B：“经理，我刚接到了一个客户投诉，经过沟通，客户投诉的问题已经得到解决。这个客户前后一共投诉了我们4次，原因是认为我们的发货速度太慢，同时因为产品使用方法不当导致他认为我们的产品质量有问题而要求退货。虽然目前客户的问题已经得到解决，但我认为这种情况导致的投诉是可以避免的。如果我们在销售环节提前告知客户发货周期，在客户收货后主动跟进客户的产品使用情况，不仅能降低客户的投诉率，还能提升客户对于我们的服务体验。所以我觉得，我们的服务流程与事项可以做个调整，您看是否可行？”

假设你现在是这位经理，你会如何评价这两个汇报人员？

如果要对两人的表达能力进行评分，那么方式B的得分一定高于方式A。

要掌握对应的逻辑思路和语言结构，对于绝大多数人而言不是一件困难的事情。很多时候，表达能力不够好，原因在于我们习惯性为自己的表达能力欠佳寻找借口，这些评价在无形当中会告诉我们在职场中表达能力欠佳是有原因的、是合理的，进而让自己接受现状，不再去尝试突破与改变。但实际上，改变自己与突破自己的难度远比想象中要低。

每个人都可以成为，也应该成为职场沟通达人。在表达能力的学习道路上，希望接下来分享的内容对你有所帮助。

目录

第一章

开口之前，先掌握聚集人气的职场沟通术

沟通行为的本质是一种信息的传递与互换过程。在这个过程中，我们应当采取什么样的方式表达，决定性因素在于信息本身的类型。只有对沟通的场景与目标有了认识之后，才能确定采取什么样的沟通策略。

》 第一节

能说会道，
职场沟通也是一门技术活儿

好好沟通，做好信息的传递与互换

自从开始做职场咨询工作，很多刚进入职场的人问过我同一个问题："怎样才能提升我的沟通表达能力？"

要找到这个问题的答案，我们有必要先重新认识下沟通与职场沟通这两件事情。

沟通行为的本质是一种信息的传递与互换过程，这个行为从我们出生开始就不断地上演、重复。当我们还是婴儿的时候，饿了就会哭，这就是一种信息的传递。母亲听到我们的哭声，就知道要喂食了。在这个场景中，哭也是一种沟通方式。

沟通不是我们学习的第一件事情，却是我们第一件要做的事情。信息输出者通过表达发出信息，信息接收者在接收到信息后完成动作，并向信息输出者给出反馈，这两个步骤构成一个完整的闭环。如果要对沟通进行定义的话，它是一个为了设定的目标，将信息、思想、情感等内容在个人或群体间进行传递并达成共识的过程。这个过程的开展，可以分解成以下五个步骤：

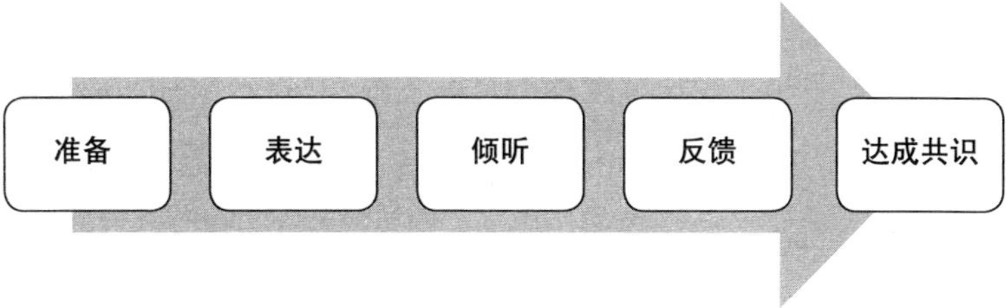

在工作中，我们往往关注沟通中的表达环节，但一次成功的沟通离不开这条流程链上每一个步骤的落地及预期效果的达成，它是一个双向的交流，而非单向输出。沟通，与我们日常生活中的聊天本质上的不同在于，它是一种带有目的性的交流方式，所有的行为都指向沟通目标的达成。如果要评价一次沟通的效果好坏与否，核心在于经过沟通后我们接收到的反馈与完成的动作是否达到了预期。

就像婴儿饿了就哭，轻微的哭声可能并不会让母亲做出喂食的动作，但当婴儿哭声持续加大，母亲对于喂食这个动作的紧迫性就有了意识。加大哭声这件事情就是一个放大信息输出的行为，就像我们在交流过程中去强调某些信息一样，带来的结果是接收信息的人员对于某一个事项的重视。婴儿无意识的行为变化之间，其实就是一种信息传递策略的调整。

既然沟通是一种基于特定目标下的信息传递与互换过程，那么在这个过程中，我们应当采取什么样的方式进行表达，决定性因素在于信息本身的类型。我们每天的生活中都会有各类不同的信息需要传递，比如情感信息、知识信息、任务信息等，每一种信息都依托于不同的场景展开。

有的场景中，沟通重点在于表达情感，比如今天你与心仪对象进行了一次约会，你不会关注信息的传递是否简洁准确，而是注重对方情感上的认同与接受。所以，我们会更多地使用感性的语言去营造氛围，风花雪月、诗词歌赋都可以成为双方交流的话题。

有的场景中，沟通的重点在于知识的传递效率，比如老师在课堂上讲授某一个知识的时候，重点一定放在通过什么方式能让学生更快、更好地理解与掌握这个知识点，而不在于通过讲解，是否让学生对他多了一份钦佩与仰慕。所以，老师会用通俗的语言进行知识的演绎。

同样是写文章，唐代诗人王勃写《滕王阁序》时通篇用典，对仗工整、文辞华丽，因为读者都是与他一样的文人墨客；而白居易写完一首诗后就要念给老妪听，当对方能够理解诗文内容时才定稿。因为他的读者是普通百姓，所以要浅显易懂。两者的差异，正是源于信息传递的对象与目标的不同。

我们会发现，在不同的场景与不同的信息传递过程中，目标达成的最佳方式是不一样的。在讲一件事情的时候，本身就包含了“事”与“情”这两个部分的信息，根据沟通目标、沟通对象的不同，你会有截然不同的策略：是情感优先还是效率优先、是感性地表达还是理性地讲述。

只有当我们对沟通的场景与目标有了认识之后，才能确定应该采取什么样的沟通策略。也正因沟通场景的多样性，才形成了不同的沟通艺术。

沟通讲究高效，效率优先是核心导向

从场景与内容的角度分析职场沟通，我们会发现职场沟通的行为绝大多数情况下是围绕“事”所展开的。作为部门领导，你需要向团队成员传达任务目标；作为下属，你需要向上级汇报工作完成进度；作为同事，在他人遇到问题向你请教时，你需要给出指导……无论你在职场中的角色身份是什么，沟通场景都指向一个目标——解决某一个问题，推动业务更好地发展。

这是职场沟通与我们日常生活沟通最大的差异点所在，如同我们的生活社交与职场社交。在生活社交中，对方“考察”的是你是否“有趣”；而职场社交中，对方“考察”的是你是否“有用”。对于公司而言，员工真正的价值在于每一个工作事项的落地执行，因为只有执行，才能真正推动业务的发展，完成产品的生产、流通、销售等各个环节，转化成企业的营收。

倘若执行环节存在缺失，再完美的沟通也无法转化为企业的业绩。纸上谈兵是每一个职场人的大忌，正是因为这样的需求，决定了职场沟通这一行为的定位——职场中的沟通应服务于事项的落地执行，而沟通的重点指向“事”的解决。

这种场景决定了职场中沟通行为的核心策略——效率优先。

效率优先的沟通策略，最大价值在于降低了职场人之间的沟通时间成本，将更多时间放在工作事项的执行与推动上。我们在很多岗位的招聘信息上会看到诸如逻辑清晰、条理性强这类用人要求。这些要求背后体现的企业用人需求，不仅仅是需要员工高效完成各种工作事项的拆解与推进，也要求员工用最高效的方式完成各类工作事项的沟通交流。

在高度竞争化的商业环境中，企业对于效率的追求无处不在，比如不少企业提倡站着开会，这显然不是一件舒服的事情，却能有效缩短开会时长，提高会议效率。同时，会议也是一种团队沟通的形式，更加要求我们知晓在会议过程中通过怎样的表达有助于会议效率的提高。

围绕效率提升这个目标，要想让职场沟通能力得到提升，需要思考的核心问题就出来了，那就是：“如何才能提高信息传递的效率？”

要想提高信息传递的效率，核心在两点：一是如何把一件事情说清楚；二是如何让对方听明白。这两个问题的解决，可以通过以下两种方式展开。

1. 降低表达中的语言噪音

所谓语言噪音，就是对于信息接收者而言，增加信息提取与理解难度的语言内容。通常有以下两种情况：

第一种是非必要性描述。在日常生活的交流中，很多时候我们会习惯在描述一件事情时，把这件事情涉及的方方面面都介绍完整清楚，这就经常导致我们在交流语言中会带上很多非必要性的内容，而这些非必要性的内容通常会对信息接收者在信息提取上造成障碍。

在自序中，我举过一个向领导汇报客户投诉情况的例子，两者的差异首先是内容上的不同，第一种汇报方式更多的是在描述自身的感受和经历，第二种则弱化了经历过程，重点汇报通过这件事情对业务流程和注意事项带来的思考。除了内容本身能够反映表达者的思维方式外，针对同样的内容采用不同的表达方式，也可以反映出不同表达者之间的表达能力差异。同样是案例中的第二项内容，我们可以看一下以下两段表达。

汇报方式A：“经理，我刚接到一个客户投诉，这个客户是销售部门的小王签下来的。我找小王了解了一下客户情况，客户在购买前，将我们的产品和市场上多个同类产品进行了对比。他前后经过两周多的考虑才确定购买我们的产品，应该说对于我们产品的质量与口碑是比较认可的。

但这周，这个客户一共投诉了我们4次，前三次投诉的原因是认为我们的发货速度太慢，最近一次投诉是因为客户对产品的使用方法不当，导致他认为我们发给他的产品质量有问题而要求换货。

我跟客户沟通之后，目前客户投诉的问题已经得到解决。几次沟通下来，虽然客户有一些抱怨，但是对我们服务整体的满意度评价还是比较高的。我在想，目前客户的问题已经得到解决，但这种情况导致的投诉情况是可以避免的，主要是我们在销售与服务的流程上没有主动跟进，才导致客户对于发货周期与产品使用等信息不知情。

如果我们在销售环节提前告知客户发货周期，在客户收货后主动跟进客户的产品使用情况，不仅能降低客户的投诉率，还能进一步提升客户对我们的服务体验。所以，我觉得我们的服务流程与事项可以做一下优化，您看是否可行？”

汇报方式B：“经理，我认为我们目前的销售与服务流程可以做一些优化，如在订单确认后，由销售人员主动告知客户我们的发货周期及客户预计收货时间。同时在客户收货后，由客服部门主动跟进客户对产品的使用情况。目前，我们在这两个环节的信息传递都是被动进行的。

这周，有一个客户因为发货速度与产品使用方法的问题投诉了我们4次，客户的投诉都得到了解决，但确实影响到客户对我们服务的体验。如果在销售与服务流程上做一下调整，不仅能提高客户的购买体验与满意度，也能降低客户的投诉量。我认为，这是一件很有必要，也很有价值的事情。针对服务流程优化这件事情，您看是否可行？”

这两段话其实讲的是同一件事情，都是建议上级对现有流程进行优化。不同的地方在于方式 A 中先介绍背景情况，再讲建议内容；而方式 B 中一开始就说明了要做什么事情，再讲这么做的依据，说明流程优化的必要性。

两者的差异在于接收信息的人员在什么时候获取到核心信息。方式 A 直到最后一句才表明这次沟通的意图，而方式 B 在沟通的第一句话就表明这次沟通的主题是什么。

对于信息接收者而言，提取信息的方向和效率是不一样的，前者在汇报的时候，领导可能会有一个疑问：你要跟我讲什么？而后者在汇报过程中就非常简单，直入重点。同时，前者不仅在语言表达上比较冗长，更大的问题在于讲述了很多与目标需求无关的信息，比如这个客户是怎么购买公司产品的、由谁销售出去、投诉处理后客户的感受如何等。这些信息并不是这次沟通中需要上级了解的内容。

如果上级希望进一步了解客户投诉的情况，我们可以继续描述，但没有讲述这个事件的详细背景，其实并不影响核心信息的传递与表达。

非必要性描述语言太多，给接收信息的人最直接的感受就是——你讲话没有重点、啰嗦，进而导致其在沟通中失去继续接收信息的意愿。删除非必要性描述，让语言更加简洁，这是我们在降低语言噪音时的第一个注意事项。

第二种是非明确性语言，比如我们在日常生活中经常会听到诸如“尽快”“随便”“都行”等语句。这或许与我们的生活习惯有关，就像中餐厨师教徒弟做菜时会说“加盐少许”一样。很多时候，我们都是依靠个人经验感受去传递信息，但在职场中，使用这类语言会带来一个问题——表述不清晰、执行结果没标准。

“加盐少许”到底是加多少？如果是一个新手接收到这个信息，他就很难去执行。比如今天部门负责人在布置任务时跟大家说：“我们这周一共有五件事情需要推进，分别是活动方案制订、客户资料收集、历史数据分析……这几件事情，大家都要尽快完成。”在这段话中，下达多项任务时用了“尽快”这一词语，这个时候，信息的接收方对于这五件事情的优先级安排是怎样的、哪些事情先做哪些事情后做、每件事情要求完成的时间节点是什么时候等关键信息都是模糊的，没有统一的理解标准。

非明确性语言之所以在职场沟通中是一种语言噪音，原因就在于此，不同的人对语言的理解会有差异，对信息的解读全凭自身经验，从而在执行上无法形成一致标准，最终导致结果上的差异。

职场表达不同于文学作品，文学创作中可以是“一千个读者有一千个哈姆雷特”，但在职场中对于信息的传递，不能让不同的信息接收者之间产生认识偏差，否则在执行过程中会不断放大这种偏差，造成执行结果与预期目标的巨大差异。

正如军队中有明确的信息传递系统一样，擂鼓前进、鸣金收兵。使用明确性词语进行信息的传递，这是我们在降低语言噪音时的第二个注意事项。

2. 优化语言的逻辑结构

除了降低信息中的语言噪音外，提高信息传递效率的第二个要点是优化语言的逻辑结构。

语言结构的背后是思维逻辑。我们从小就开始学习与表达结构相关的句式，比如最早接触到的“因为……所以……”“首先……其次……”“第一……第二……”“起因……经过……结果……”等语言结构，都是在帮助我们更好地进行信息的表达与传递。一段话的逻辑是否清晰，对于听众而言，在信息提取的效率上有着明显的差异。

曾经有个求职中的同学问我一个关于网络在线申请时应如何答题的问题，题目是这样的：请描述一个您参与过的项目，您在该项目中担任什么角色，您是如何与其他成员合作的。针对这个问题，原来的回答内容是这样的：

> 在担任外联部部长时，曾与某考研机构合作推广其四六级相关课程。往届推广均采用传单、讲座等方式进行，

但上座率较低，常不足100人次/场。经过观察发现，准备四六级考试的相关群体表现出对仿真试题的偏好，便让干事们针对四六级备考人群发放问卷，调查其参与模拟考试（以下简称模考）的倾向。最终说服商家采用模考形式来进行推广。在筹备过程中，将与老师沟通申请模考场地与设备的工作交给两位副部长，将干事设立成监考组、评卷组、推广组，并由三人分别负责，以转发分享与组团免费参与模考作为卖点组建社群。此次活动最终模考参与人数达476人，社群关注用户数达379人，超额完成商家的推广任务，并获得合作机构的赞誉。

从内容上看并没有问题，介绍了项目背景、行动方案及最终结果。但这一大段的描述下来，我们会感觉很多信息在相互穿插，理解起来比较费力，如果将内容梳理下，修改成下面这样的描述，就会给人不一样的阅读体验：

在担任外联部部长期间，曾与某考研机构进行四六级课程的校园推广合作。合作的目标是提高该机构在校内的品牌知名度，让更多人参与、体验他们的课程。在这个项目中我作为总策划人，负责活动的方案策划、企业对接、项目推进等工作。（项目背景）

为了实现活动目标，我们首先通过调查问卷的形式对目标用户群体做了分析，发现准备四六级考试的相关群体更愿意通过参与模考的形式进行课程体验，这也是在过往的推广中使用传单、讲座的形式时学生参与度不高的原因。经过与机构的讨论，我们决定采用模考的形式进行推广。（用户分析与方案制订）

在具体事项执行上，我将场地沟通协调、活动推广、模考监考、评卷等事项进行分工，分别由部门的副部长与干事负责。通过转发文章参与和组团免费参与的形式组建了学员社群，最终实现模考参与人数达 476 人，社群关注用户数达 379 人，超额完成商家的推广任务，得到了合作机构的赞誉。（方案执行及项目结果）

修改后的内容其实与前面一段表达的信息相同，但在内容框架上，分成了“项目目标—过程方法—项目结果”这几个部分进行介绍，对于信息的接收者而言，更容易理解内容构成。这也是为什么我们在写一篇文章时需要进行分段、书籍需要有目录章节。文章不分段或者书籍不分章节，从内容本身上来说，传递的内容是一样的，但对于阅读者而言，阅读过程中对内容的提取与阅读体验就会有极大的影响。

不管是降低表达中的语言噪音还是优化语言的逻辑结构，目标都是让我们的沟通效率更高。职场沟通效率优先，这是在进行职场沟通交流过程中需要明确的第一件事情。

》 第二节

掌握沟通技能，跟谁都能聊得来

沟通之“术”与沟通之“道”

职场沟通水平的高低与你的性格是外向还是内向没有必然关系。在职场沟通中，不要求你使用多么优美的语言词汇，沟通水平的差异来自对沟通表达逻辑的掌握情况。既然我们想提高自身的沟通表达能力，要学习表达的逻辑思维，首先就要知道我们在学习职场沟通的时候应该采用什么样的方法进行学习。

在推进每一个事项时，事项的背后都包含了“术”与“道”两个层面的内容。“术”是我们在做这件事情时的具体操作流程与步骤，是对技巧的总结。我们经常会听到一个词叫“话术”。话术告诉我们一个信息具体应该如何表达，就像公司在对销售人员进行培训时都会有一个销售话术的训练，通常会由问题与回答两部分内容组成，比如下面这段某广告公司的客户跟进话术。

客户问题：“投放广告没有什么效果，不投广告了。”

应答指导话术：“您也知道，任何广告的效果都是具有滞后性的，就像您在生活中要找厂家买东西，您是不是听别人说了有人卖你需要的东西就立马去买了呢？肯定不是的吧，您要考察他的产品质量、售后服务、品牌口碑等各方面的情况是怎样的，最后才能做出是否购买的决定。

作为一个全新的品牌，消费者肯定会有一些观望的心态，只有跟贵公司建立了一定的信任度后才会联系您。我们通过前期的宣传已经逐步建立起品牌形象，现在应该继续通过各个渠道来加深客户对您的品牌认知。如果您这时候停止了广告投放，前期建立起来的品牌认知就会逐渐淡化，相当于打水漂了。

持续的品牌宣传对于客户对品牌的认知与信任感建立一定是有帮助的，相信您在很多同行身上都能看到这一点。虽然目前的广告宣传对业绩的直接拉动不明显，但从长远来看一定是一个有价值的投资，不能因为短期的效果不明显而对广告宣传下一个无效的结论。

从目前的情况来看，保持甚至加大我们的宣传力度来为后续的市场拓展奠定基础，才是一个更优的选择。当然，我们可以优化调整内部的广告投放策略，去尝试更多的方法，您说是吧？”

上面这段话术的作用在于它针对客户的问题提供了一种应答方案。对于职场小白而言，拿到这个话术时照着念就行，即使没有什么客户跟进经验，在拥有完整话术的基础上也能完成大部分的简单沟通工作，这也是公司通常会给业务岗位新人提供参考话术的原因。

但我们会发现，针对同样的话术，不同的人员在使用过程中效果差别巨大。因为不同的沟通对象在听到同一段话术时会有不同的反应，人与人之间的沟通不像程序算法那样在你输入一段命令后就会输出一致的结果。

一套话术不能解决所有沟通对象的不同问题。一个优秀的沟通者需要做的事情是根据沟通对象的不同，在原有的话术基础上进行灵活的调整。就像上面提到的客户对于广告投放效果不理想的情况，结合客户的营销意识、行业特征等方面的差异，我们还可以设计出第二套话术、第三套话术，不同的话术背后都是一种沟通思路的体现。

如果将上面这段话术进行拆解，会发现它包含了以下几个阶段与思路。

序号	阶段与思路	沟通内容
1	原因分析	广告效果是有滞后性的
2	激发认同	通过消费行为来说明为什么广告具有滞后性
3	观点强化	需要持续的广告投放来强化消费者对品牌的认知
4	解决方案	尝试更多广告策略，寻找最优方法

通过拆解，我们不难发现，在一段沟通中，每一句话术都有其对应的目的。在一段话术中，无论看到的是一种表达内容，还是背后的沟通思路，都体现着不同人之间的思维方式差异。这个沟通思路就是我们前文所提到的“道”，对“道”的理解越发深入，我们会越习惯于根据不同的沟通对象、沟通场景设计出更多行之有效的话术内容。

比如对原因的分析，就可以找出其他可能的原因，寻找更多能够激发对方认同的内容点，给出更多元化的解决方案等。有了对这种场景下表达的阶段要点思路，就能达成设计第二套、第三套话术的目标。如同武侠小说中讲的功夫要灵活运用，而不是拘泥于某一招一式。对话术的学习和锻炼，能够让我们解决一些问题，但只有掌握了沟通表达之“道”，才能帮助我们做到触类旁通，解决一类问题。

沟通四步骤，实现设计话术的突破

在学习职场沟通方法的过程中，我们需要学习的核心在于沟通的“道”，而非某一种场景下的具体话术，但这个目标不可能一步到位。话术作为职场新人接触到的第一项沟通技巧知识，对于其职场表达习惯的养成有着巨大的影响。

通过使用成熟的话术体系来了解表达技巧，同时在持续学习话术表达技巧的过程中保持对话术背后沟通思路与方法的分析，这样才能帮助我们通过对话术的不断观察来掌握职场沟通方法，进而更好地去验证、应用，为我们的职业晋升助力。

我们可以将职场沟通技能的学习过程分成以下四个阶段：

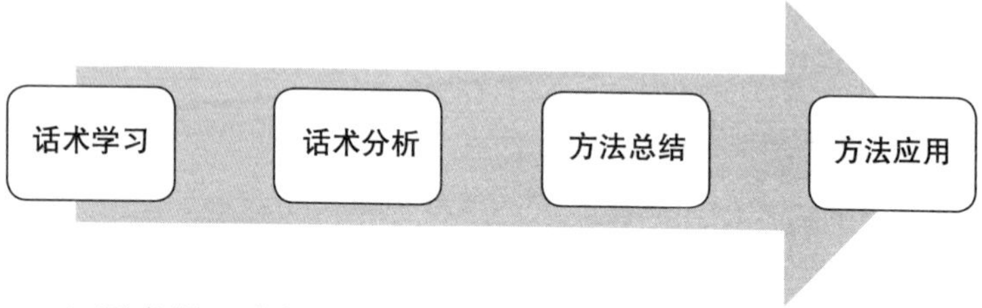

1. 话术学习阶段

思考这段话术是什么、应用于什么场景、讲了什么内容，如何表达演绎这段话术的信息。

2. 话术分析阶段

思考这段话术由哪些内容板块组成，为什么这么设计内容板块、背后的逻辑思路是什么，每个板块内容的作用及目标是什么。

3. 方法总结阶段

思考在这个场景中我们的沟通目标是什么，要推动沟通目标的达成有怎样的思路和方法。

4. 方法应用阶段

基于总结的方法，我们能否设计出几套不同的话术并应用，效果如何，是否实现了沟通目标，话术是否存在优化空间、如何优化。

在这四个步骤中，对于话术的分析与总结是我们需要重点去研究琢磨的事项。通过对话术的使用与分析，找到话术背后的规律与思路。只有了解、掌握了背后的沟通思路，我们才能灵活地运用话术来解决多种职场问题，进而根据不同的场景进行不同的话术设计，实现“使用话术”到“设计话术”的突破。

沟通能力学习的过程其实是一个不断向自己提问、不断进行问题分析和行为练习的过程。从难度上说，这四个过程并不复杂，却是拉开很多职场人沟通能力差距的原因所在。

大部分人停留在第一阶段具体话术的学习上，习惯于使用别人提炼、总结好的成果，因为这会让我们很轻松。但后面三个阶段的事项，才是职场沟通技能学习的重点所在，也是需要投入更多时间与精力去思考及分析的事项。

不同的人，在学习过程中学习效果产生差异的原因不仅在于对学习方法的认知差异，更来自于是否愿意在不那么轻松的事项上进行投入。根源上的差异在于是否有强烈的改变、提升自我的欲望，有欲望才能产生动力。当你对自己开始有要求，有改变自己、提升自己的想法时，学习的方法才能得到应用。

第二章

脑中有逻辑，说出来的话才能清晰有条理

具备有效的逻辑表达能力是幸福指数提升和事业发展的重要因素。在职场中，人们惯于将信息一股脑地倾倒给对方，没有条理，往往造成影响效率的无效表达。灵活运用多种具有逻辑性的语言结构去表达，让说服无往不利。

》 第一节

巧说有理，用逻辑思维武装自己

厘清思路，用结构化的思维模式去表达

同样是半杯水，悲观主义者说出来的是“只剩半杯水了”，而乐观主义者的表达是“还有半杯水”。同样的事物，从不同人的角度去看待，会有不一样的观点。我们所讲述的每一句话，都源自于思考方式与思维习惯的表达。要想提高职场表达的逻辑性，首先要提高我们思维的逻辑性。

与图片处理、画画、弹琴这类可以直观看到的技能不同，逻辑思维是一种不太容易被量化以及可视化的能力素养。我们无法像对钢琴技能进行评级一样对一个人的逻辑思维能力进行评级，只会有一个感受上的评价：他的条理非常清晰、他的思维逻辑性

很强。而这些结论来自于一个人做事方法、表达方式等现象中，给我们带来的感受差异。

既然要学习提升逻辑思维能力，首先要明白逻辑是什么，逻辑思维又是什么。在回答这个问题前，先分享一段我自己的经历。

> 早些年前，每次和朋友、同事聚餐，一开始点菜的时候我都有点纠结，要在短时间内从密密麻麻的菜单上挑选出要吃的菜品，对于一个有选择困难症的人来说不是那么简单。菜单上的名字我都认识，可就是要犹豫好一阵子，花上好几分钟才能确定下来，特别是服务员还站在边上等我下单，无形中又给我增加了一点压力。于是，很多时候，我都是草草下单了事。
>
> 随着这样下单次数的增多，为了解决这个问题，我开始思考自己为什么在点菜的时候会有选择困难症、应对点菜这件事情的方法应该是怎样的。我发现这些现象产生的原因在于，我对点菜这件事情缺乏思路，没有掌握点菜的技巧。
>
> 如果对菜单上的菜品做个分类，我们会发现大概可以分为前菜、主食、热菜、汤羹、酒水饮料、餐后甜品这几种类型，其中热菜又有肉类、海鲜、素菜等食材的区别。每次聚餐时，我们点的菜都逃不开这些菜品的组合结构。当有了这个菜品类目的概念后，点菜就变得简单了。

根据聚餐的人数，先估计下需要几道菜，然后按照菜品的类型顺序，先看下菜单中前菜有哪些，选出几份；然后确定主食要吃什么；再确定热菜中需要几道肉菜、几道海鲜、几道素菜。一类一类按照顺序点，思路厘清后，点菜的速度自然就提高了。

在没有点菜的思路前，我是从菜单上的50道菜名中进行选择。有了这个思路后，我要做的是在10种海鲜类菜品、10种素菜类菜品中做出选择。随着点菜范围的缩小，选择的难度相应降低了，自然，我的点菜选择困难症也得到了解决。点菜思路的改变带来执行效率的提升，这也是逻辑思维的一种应用。

在日常语言表达中，我们会发现，与“逻辑清晰”这个词最经常并列出现的，是“井井有条”，就是在做一件事情的时候，清楚知道第一步做什么、第二步做什么，每个步骤的先后顺序是怎样的、应当使用什么样的方法。而要练习的逻辑能力，就是一个事项中涉及的步骤、结构应当如何去设计、推进。

所谓的逻辑，是一种事物或者事项之间的相互关系。我们经常会说“把思路理一理”“把逻辑理一理”，理的就是这层关系。不同事物间的关系非常多样，比如因果关系、从属关系、递进关系、对立关系、平行关系等。

在确定关系前，我们需要对事物进行分类整理，如同前面讲的对菜品进行分类一样。根据不同事物间的特点进行分类，形成不同的模块，最终得到一个更大的关系结构。这个过程中的思考方式就是我们所说的逻辑思维。因此，逻辑思维的本质，可以说是一种结构化的思维模式。

思维方式的差异，体现在我们日常工作与生活中的每一个细节上。在与众多同事的交流过程中，我观察到一个现象：每个人的办公电脑桌面都是不一样的。

有的人的电脑桌面堆满各种软件图标、文档、文件夹，他们习惯性地把工作中所有的文件都放在桌面上，导致桌面内容繁多，看起来眼花缭乱，比如这样：

不仅是电脑桌面，存储硬盘中的文件夹打开后也是如此。我见过不少人的电脑桌面与上图中的情况相比有过之而无不及。当他们需要找一份材料时，所花费的时间就得看运气了，有时候一下子就能找到，有时候找个十几分钟愣是找不到材料放在哪里了，极大程度上影响了工作效率。

正因这种情况，电脑桌面助手软件应运而生。这些软件按照一定的分类规则，将文件材料进行了分区分组。通过桌面助手软件的整理后，视觉效果整洁清爽了很多，比如这样：

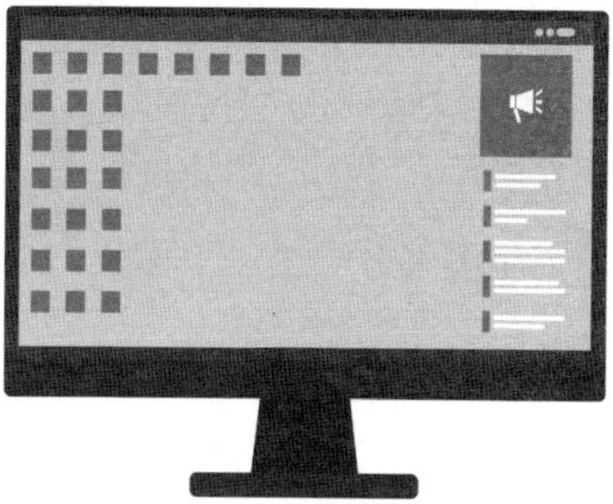

但这些软件的整理规则通常是根据文件的类型来分类的，比如文件夹、文档、应用程序等逻辑。虽然视觉上美观了很多，但这种分类规则对于文件的查找、工作效率的提升未必有太大帮助，还是要通过我们自身的整理来优化电脑文件的管理。

如果电脑的文件管理是职场中的考核指标，你会如何进行这项工作？

可以按照工作内容的项目类别来对文件进行文件夹分类设置，比如我之前在做培训工作时，将工作内容分为员工培训、初级管理干部培训、高级管理干部培训等。

可以按照材料的功能类别来对文件进行文件夹分类设置，比如流程制度类、客户信息类、产品知识类等。

还可以按照工作涉及的关联部门来进行分类设置，比如销售部门相关、财务部门相关、行政部门相关等。

无论采用哪种方法进行文件管理，核心思路都是找到不同文件之间的共同点，将数量繁多的文件进行分类、编号、整理。这样当我们需要找某一份材料时，就能对这份材料进行快速的定位搜索，缩短寻找的时间，提高工作效率。

这种文件管理方法最直接的应用体现在图书馆的管理上，而且已经形成中国图书馆图书分类法。下面我们来看一下图书馆图书分类结构。

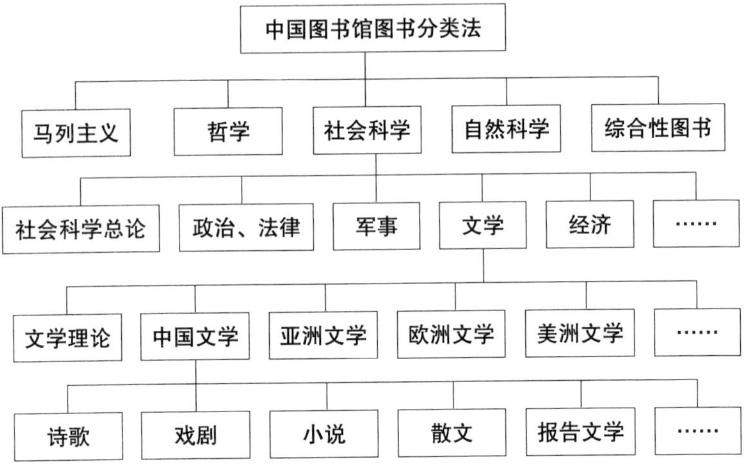

当一个图书馆中有几百万本藏书时，如果没有科学的管理办法，要从茫茫书海中找到一本想要的图书，这种难度无异于大海捞针。但只要根据上面的分类方法对图书进行编号管理，找一本书就变成非常简单的事情，这就是结构化的逻辑思维模式带给我们的价值。

层层细化，从逻辑思维到逻辑表达

逻辑思维的应用不仅仅体现在工作事项管理与效率提升上，对我们的语言表达也有直接的影响。假设你现在是一名图书管理员，别人问你："我们图书馆都有哪些藏书啊？"在没有这套图书管理思维之前，你的回答可能是这样的：

我们图书馆藏书种类丰富，数量也很多，有军事、诗歌、小说、经济、自然科学等类别，有军事类图书 2 万册、诗歌类图书 2 万册、自然科学类图书 5 万册、小说 8 万册、政治法律类图书 3 万册、经济类图书 10 万册……我们现在还在扩大藏书规模，预计补充后图书馆的藏书数量将会达到 100 万册。

但运用图书分类逻辑来回答这个问题，内容可以是这样的：

我们图书馆一共有藏书 80 万册，分成哲学、社会科学、自然科学、综合性图书等5个类目；按照藏书数量排序的话，数量最高的是社会科学类图书，有 50 万册，尤其在中国文学这个类目，是我们图书馆藏书的核心构成部分。该类目下目前有小说类图书 8 万册、散文类图书 3 万册、诗歌类图书 2 万册。我们还在继续扩大藏书规模，预计今年年底图书馆的藏书总数将会达到100万册。

我们前后对比下两段介绍的语言，当你作为一个信息接收者的时候，哪段描述更能让你对这个图书馆的藏书情况有一个清晰的认识?

毫无疑问，后者会更具象一些。区别在哪里?

区别在于表达的语言结构不同。前者是在罗列各类藏书的数量信息，同时不同的类目之间层级交叉、顺序杂糅，听完后我们可能转头就忘记不同类目的藏书情况了。而后者的介绍中，根据图书分类的结构逻辑层层细化，并且传递了一个明确的信息：我们的优势类目是什么。这样就帮助信息接收者厘清了一个结构，他可以沿着你的讲解思路来形成图书馆的藏书画像。

这就是不同的逻辑思维下带来的表达差异，也是前面说要优化表达逻辑，首先要优化我们的思维逻辑的原因。

将你要表达的信息像整理文件一样分门别类整理好，形成一个结构清晰的整体，在沟通时根据场景及目标的需要，对信息进行提取、组合，再通过有结构性的语句呈现出来。这种思维与表达方式，就是我们所说的逻辑表达。

这个过程可以分解成以下三个步骤：

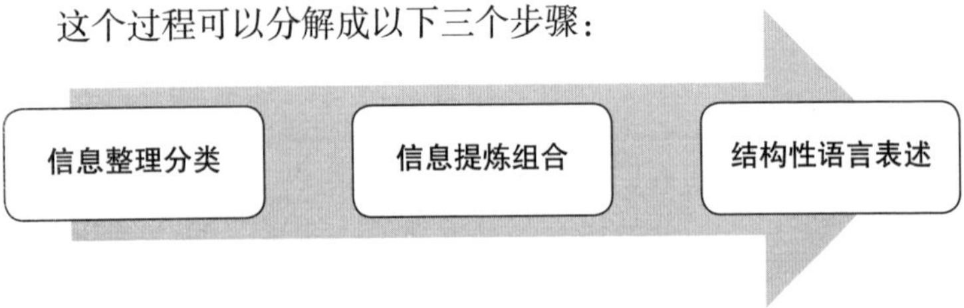

在这三个步骤中，前面两步是我们对信息处理的过程，最后一步是语言表达的过程。前面两步对于信息的处理是否清晰、完整，决定了最后一步的表达质量。

结构性的语言只是对信息表达过程中的“术”，而信息处理的逻辑思维才是表达之“道”。

》 第二节

步步为营，用信息结构让对方慢慢接受

信息金字塔，让沟通无往不利

既然逻辑表达的第一步是对信息进行分类整理，那么应该怎么做才能将信息整理形成结构呢？

在上一节中，我们讲到的点菜时对菜品类目进行整理，整理后会发现它可以形成这样一个金字塔结构。

金字塔结构是我们进行信息整理时最经常用到的结构形式。当然，你也可以整理成其他形式，比如思维导图，这些形式背后的逻辑是相同的。我们会发现，这个结构中包含了两个层级：菜的类目和具体的菜品，每个菜品从属于某个类目。当然，对于类目，我们可以进一步细分，拆分成大类目、小类目等多层次结构。

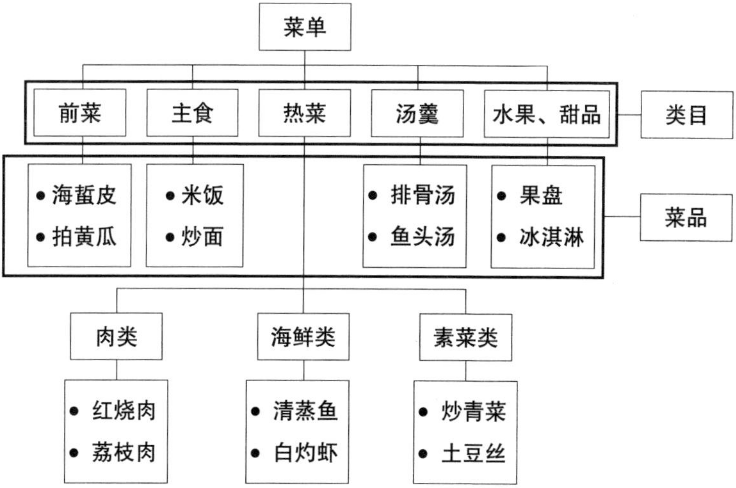

通过对不同事物、信息进行分类，找到相互间的联系并建立起金字塔结构，当能够对一件事情或一类事物进行完整的分类与结构建立时，我们对于事物之间的关系与逻辑的认知就可以逐步得到提升。

要想学会金字塔结构建立，可以参考以下方法。

假设你是一个厨师，要设计一个餐厅的菜单，你会怎么设计？

“我的菜单中必须包含前菜、主食、热菜、汤羹、甜品这五个类别。前菜，我准备提供凉拌海蜇皮等 10 种；主食以面食为主，提供炒面、汤面等 6 种；热菜以海鲜作为主打，提供石斑鱼等 20 种鱼类菜品……”

厨师设计菜单的思路，是根据每一个类目的要求逐个完善菜品信息。这种设计方法的前提是厨师对于菜品的构成非常熟悉，他很清楚地知道一份菜单中需要包含什么类别。日积月累下来的职业习惯，使他能够快速搭建起一份菜单的框架，需要做的事情是根据这个框架把内容填充完整。

假如现在切换一个角色，你变成一个没有接触过菜单的食客，你进入一家餐厅，看到了琳琅满目的菜品。这时要求你根据看到的菜品设计一份菜单，你又会如何设计？

对于一个没有接触过菜单的食客，他未必知道菜单的结构是什么样子的，他看到的是一道道具体的菜品。如清蒸鱼、炒青菜、红烧肉、排骨汤、炒面、拍黄瓜等。在这种情况下，食客要想设计出一份菜单，要做的事情是先找到不同菜品之间的共同点，将菜品进行分类。排骨汤和鱼头汤都是汤，归到一类；米饭和炒面都是主食，归到一类……在对每一种菜品进行分类后，食客也能设计出一份餐厅菜单。

我们会发现，同样是设计菜单，厨师和食客的方法是不一样的。在菜单结构中，厨师是自上而下，从类目入手进行分解，完善每个类目的菜品构成；而食客是自下而上，通过对菜品的分类归纳，总结出菜品有哪些类目，从而完成设计。这就是我们进行信息结构化处理时经常采用的两种方法——自上而下地分解与自下而上地归纳。

1. 自上而下地分解

自上而下的分解，好处是效率高，能够快速对事项内容进行结构化整理，但这种方法必须建立在一个前提上——你的脑海中对于这个事项有清晰的结构，能够快速画出结构框架。而在没有这个框架时，我们进行自上而下的分解过程中经常会发生结构不完整、缺失遗漏的情况。但并不代表这种方法只适用于我们熟悉的领域，在没有现成框架的基础上，我们需要具备对事项进行分解的能力，通过将事项分解成多个小单元来建立框架。

在学习数学的过程中，我们都接触过数字的分解，如 45 可以分解成 5×9，28 可以分解成 4×7。同样，工作中很多大的事项和目标都可以进行分解，比如销售额 = 客单价 × 销售量 = 客单价 × 客流量 × 转化率。当你把一个大的事件目标分解成一个个小单元时，就能得到达成这个目标的结构，比如一个门店要提升营业额，跟客单价、客流量、转化率三个因素相关，那么经营者需要考虑的问题就是如何提高客单价、如何提高客流量与转化率，进而得出具体的方案。

比如要提高客单价，可以采取组合销售的形式促使顾客购买；要提高客流量，可以加大门店的宣传力度，拓展宣传渠道等。这样就把“如何提高门店销售额”这个大问题拆解成了“如何提高客单价”“如何提高客流量”等一个个问题单元，相对应的，我们在思考具体解决方案时就容易得多了。

当我们面临一些大型的事项或目标时，通过数学上的分解方法未必能得到完整的单元，比如要组织一场公司年会活动，这种情况下用数学分解法的思路就行不通。这时，我们可以通过另外两种方法来实现问题单元的拆分。

第一种是按照流程进行拆分解。一件事情在执行过程中都需要经过步骤与流程，先将流程图画出来，这样就可以针对流程中的每一阶段进行优化，寻找解决方案。

例如在创作这本书时，我会思考一个问题：怎样把这本书卖好？这是一个大的事项，我们可以从流程上对这个事项进行拆解。从我开始写这本书到读者阅读这本书，中间的流程可以分成下面几个阶段。

这是一本书从创作到销售的流程。要想实现“卖得好”这个目标，流程中每一个事项都要做好。那么作为内容创作者，我需要思考的问题是怎样提高书的内容质量，思考书本的内容结构设计、语言表达、案例分析怎样才能贴近每一个职场人的工作、生活场景，帮助读者有所收获；出版社需要解决图书出版流程的问题；销售渠道需要解决如何销售的问题。沿着这个流程逐一进行分解，就可以得到“如何卖好一本书”的解决方案结构。

第二种方法是按照事项开展过程中的参与单元进行分解。在推进一件事情的过程中，都有哪些单元部门参与，职责划分又是怎样的，将部门/职责类别作为小单元对事项进行分解，我们同样可以形成一个结构框架。

比如公司让你作为年会活动的总负责人统筹整场年会活动。要想年会办得好，可以将所有参与年会活动的人员进行以下分组。

会务组：负责活动场地的预定、活动现场布置、灯光音响管理、宴会菜单确认等事项。

节目组：负责活动节目策划、排练、服装道具管理、演员化装等事项。

主持组：负责活动主持稿的撰写、活动现场主持等事项。

礼品组：负责活动礼品的采购、管理等事项。正如同一个公司根据不同的工作职责将人员分成销售部、客服部、人资部、财务部等部门，将一个事项中涉及的部门罗列出来，明确各个部门的工作职责与目标，这样在推进这项任务时，我们的方法自然也就明确了很多。

在自上而下的分解中，无论是数学方法的分解，还是流程梳理及参与单元的分解，都是通过层层细化形成金字塔结构，从而形成清晰的问题解决思路与推进方案。

我们都听过一个词叫“套路”，找到套路就相当于找到了解决一个问题或者推进一个事项的方法步骤。比如工作中最经常讲的问题解决三步骤：发现问题—分析问题—解决问题。这也是一种套路，知道这个套路后，遇到问题时，我们自然就会提出一系列疑问：问题是什么？原因在哪里？解决方案有哪些？根据这个结构对问题展开分析、讨论。

很多经典的理论都是一种问题分析的结构套路，比如市场营销的 4P 理论，将营销分成产品、价格、渠道、推广四个部分进行分解。在分析如何提升企业市场营销效果时，就可以想到产品是否有优化空间、如何提高价格优势、如何拓展销售渠道、采用哪些推广方法等一系列问题，从而得出具体的解决方案。

2. 自下而上地归纳

自上而下的分解虽然效率高，但前提需要我们建立事项分解的金字塔结构框架。当我们没有框架、找不到分解角度时，就需要采用第二种结构化处理方式——自下而上地归纳。

2018 年年初，我和几个伙伴一起创办了“一堂课”（福州一堂课教育咨询有限公司），专注于为不同阶段的职场人提供职业发展咨询辅导服务。为了为用户更好地传递信息，积累潜在用户，我们开通了一个微信公众号。虽然几个人在职场领域的经验都比较丰富，但在公众号运营这件事情上，我们都是“半路出家”，没什么经验积累，更别说一开始就整理出一个清晰完整的运营推广思路。

公众号作为一个封闭的自媒体系统，没有推荐机制，微信也不会给我们导流。一个月过后，我们的公众号粉丝还没有突破三位数。为了提高公众号的粉丝量，我们进行了一次头脑风暴会议。

如何提高公众号粉丝数量

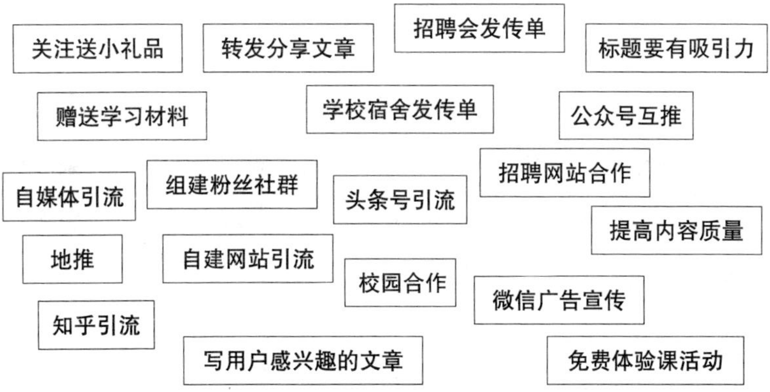

一番讨论后，白板上写满了我们能想到的涨粉措施。

看上去是不是非常乱？没关系，我们来对这些点做一个系统的整理。

根据内容类别，我们对这些操作方法进行分组。在分组过程中，需要对这些内容进行一些修正或补充。经过初步分组后，白板上的内容可以分成以下几类。

内容传播：写用户感兴趣的文章、标题要有吸引力、提高内容质量。

活动开展：免费体验课活动、关注送小礼品活动、赠送学习材料活动。

机构合作：校园合作。

其他媒体引流：自媒体引流、知乎引流、头条号引流、公众号互推、微信广告宣传、自建网站引流、招聘网站合作。

线下宣传：地推、学校宿舍发传单、招聘会发传单。

老粉丝传播：组建粉丝社群、转发分享文章。

有了这个分组后，我们就可以进一步补充每个分组下可以采用的具体形式。比如媒体引流，除了上面提到的知乎、头条号渠道外，还有百家号、简书、豆瓣等自媒体渠道都可以进行引流；在线下宣传中，还可以投放校园广告牌广告等。通过进一步的讨论，补充完整各分组内容。

同时，还要对同一个分类下的内容进行修改调整，这个过程中要遵循一个原则——MECE 原则，这是麦肯锡首位女咨询师芭芭拉·明托在其经典著作《金字塔原理》中提到的一个核心概念。MECE 原则的全称是 Mutually Exclusive，Collectively Exhaustive，意为“相互独立、完全穷尽”。也就是说，金字塔结构中的每一层内容不能有重复的部分，也不能有遗漏的部分。如同上面的分组中，在媒体引流的分类下，自媒体引流包括了知乎引流与头条号引流，不是相互独立的关系，所以应该删除；线下宣传分类中的地推包含了在宿舍与招聘会发传单，所以也应该删除；内容创作中，提高内容质量包含了写用户感兴趣的文章，还是应该删除。

经过对内容的补充、调整，我们再来观察这个分组会发现，这几个分组中的类目在金字塔结构中不是在同一个层级上的。线下宣传的材料中会介绍活动内容，媒体引流中会介绍活动信息。如果对这几个类目再进行一个分组，可以分成用户获取渠道、用户获取方式这两个类别。不同用户的获取渠道都会用到相同的获客方式，所以只有两层结构的分类是没办法搭建出一个完整的金字塔结构的，我们需要对结构进行二次调整。将获客渠道与获客方式再抽出来，形成一个新的金字塔结构。其中所有的获客渠道又可以分成两种类别：线上渠道与线下渠道。根据这个思路，我们重新画一个金字塔结构，就会形成下面这幅结构图。

如何提高公众号粉丝数量

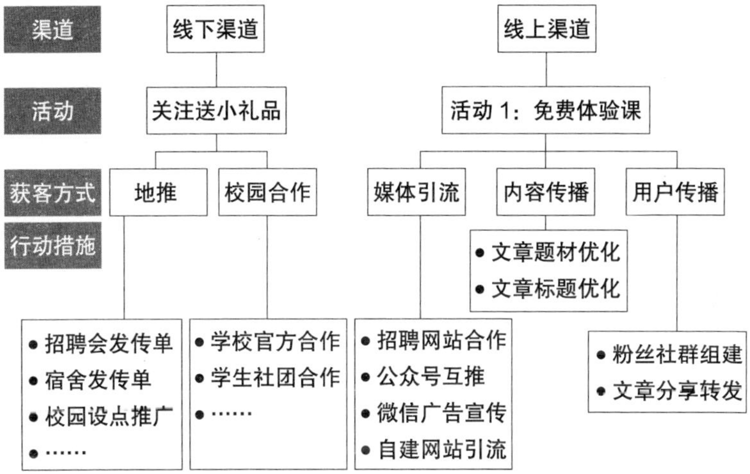

以上是我们经过梳理之后的公众号粉丝数量提升的解决方案。当然，从公众号运营的专业角度来看，分析的角度和得到的行动措施还比较浅显，但经过梳理后，我们结合当时的团队精力选择了几个点进行重点推进。在后续几个月中，我们的公众号粉丝数量增长速度也有了明显提升。

开口之前，先在脑中建立结构

如果你在一个公司负责新媒体运营工作，老板问你如何提高公众号粉丝数量，在没有建立结构前，你的回答是这样的：

> 我计划做一些地推工作，在学校宿舍和招聘会上发一些传单来宣传。同时看下能不能跟学校，还有学生社团进行合作，还要做一些免费体验课、赠送学习材料这样的活动去吸引更多潜在人群。另外，通过其他平台的一些自媒体账号给公众号导流，也可以找一些公众号做互推。但我觉得要吸引粉丝，核心还在我们的推文质量上，所以我准备对公众号推文的题材和标题进行优化……

一旦建立起信息结构，你的回答可以是这样的：

> 为了提高公众号粉丝数量，我准备通过线上和线下两个渠道吸引潜在用户，并根据线上传播与线下情景分别设计两套活动方案。线上的活动方案分别是免费体验课和赠送学习材料，通过媒体引流、内容本身传播与用户传播三个方面来进行活动信息的扩散。在媒体引流方面，首先是建设自媒体矩阵，包括知乎、头条号、百家号、简书等6个平台自媒体账号建设；其次是通过微信广告进行公众号

宣传；然后是找一些比较有影响力的公众号进行互推……

前后表达内容的差异，就是结构化思维带来的变化。

如果进行自下而上的归纳，我们可以总结为以下流程：观点罗列、观点分类、观点补充调整、结构层级梳理、结构绘制调整。

在观点罗列环节，可以采取头脑风暴的形式进行讨论，不分对错，把想到的观点先尽可能完整罗列出来，再根据不同观点之间的共同点进行分类整理，整理后看下同一类目下的观点是否符合 MECE 原则。对不符合原则的观点进行删除或移出，补充遗漏的观点内容，进而根据类目的层级初步形成结构框架，并进行结构图的绘制与调整。

我们可以根据不同的背景情况选择用自上而下地分解还是自下而上地归纳来进行信息的结构化处理。

两种方法各有优势：自上而下地分解效率高，但需要先建立框架，对于熟悉的领域，可以采用这种方式；自下而上地归纳，在没有现成框架的基础上更容易操作，可以集群体的智慧得出结果，但耗费的时间相对较多，对于不太熟悉的领域，可以采用这种方式来完善方案。

要想提高结构化处理能力，重点还是在于多加练习，从对事项的分类入手，逐步建立事项的框架结构。你可以从整理自己的电脑文件开始，养成整理的习惯。相信你的结构化处理能力一定能得到很大程度的提升。

》 第三节

逻辑也需结构，精准说服需要框架

言为心声，先弄懂各种语言结构

在对信息进行结构化的处理后，要想信息在传递过程中让信息接收者通过你的描述同样搭建起结构框架，我们还需要借助另一种工具——语言结构。

我们从小就开始接触各种各样的语言结构。例如写作文的时候，老师会告诉我们说描述一件事情要说明三点：起因、经过、结果，可以使用总—分—总的形式，这些都是语言结构的应用。对于结构的写作应用，自古就有，比如历史上被广为诟病的八股文，其本质也是一种语言结构，它建立起了一套内容创作的规范，虽然限制了文人的思想，但并不代表其毫无价值。

语言结构的作用在于当你掌握了某种结构后，可以直接套用这个结构进行写作表达，即便是小学生也能根据固定的结构，组织语言，然后写出作文。例如这样：

起因：今天在上学的路上，一位老奶奶向我问路；

经过：老奶奶要去的地方，路很不好走，看到老奶奶拄着拐杖不方便，我决定送一下老奶奶；

结果：将老奶奶送到目的地后，我走到学校时已经迟到。我跟老师说了送老奶奶的事情，老师不但没有批评我，反而表扬了我，奖励我一朵小红花。

在职场中，也可以使用一些固定的语言结构帮助我们进行更有逻辑性的表达。常见的结构有 SCQA 结构、STAR 结构、PREP 结构。下面来分别看一下这几种结构的具体应用。

1. SCQA 结构

SCQA 结构的总结同样来自于美国咨询顾问芭芭拉·明托所著的《金字塔原理》一书，由四个英文单词的首字母组成，分别是：

S（Situation）情景：这件事情发生的背景、情景是怎样的；

C（Complication）冲突：它带来了什么矛盾 / 冲突 / 影响；

Q（Question）疑问：这个问题应该如何解决；

A（Answer）回答：解决方案是什么。

根据这个结构，我们可以形成这样的句式："这件事情发生的背景是这样的……它带来了以下几个问题……那这些问题怎么解决呢？我们的解决方案是……”

SCQA 的结构经常被用在广告文案的设计上，比如我们熟知的亮甲广告文案：

得了灰指甲（情景）；一个传染俩（冲突）。
问我怎么办（疑问）；马上用亮甲（回答）。

又比如脑白金的广告文案——“今年过节不收礼，收礼只收脑白金”。乍一看，好像跟这个结构没什么关系，但对这两句话的信息进行分解，就会发现同样使用了 SCQA 的结构。分析如下：

情景：过年了，要给长辈送礼。
冲突：但现在大家都不收普通礼品了。
疑问：该送什么好呢？
回答：送脑白金啊！

先用情景让信息接收者产生联想，感受到这个事件的背景，然后引出冲突所在，提出疑问。当信息接收者认同这个问题的存在时，你再给出解决方案，那么对方就容易接受得多。这就是为什么广告文案设计经常采用 SCQA 结构的原因。

这个结构可以应用在很多信息表达上，比如当我要建议职场新人多阅读一些与沟通相关的书籍，提升自身的沟通思维时。根据 SCQA 结构，可以分解成以下因素：

S（情景）：职场人需要经常和他人进行各种事项的沟通；

C（冲突）：但是现在大学中都没有相应课程教学生进行高效的表达；

Q（问题）：那毕业生怎样才能提高自己的职场表达能力呢？

A（回答）：多阅读一些与沟通相关的书籍，了解沟通方法并加以练习。

我们将这四句话汇总在一起，就形成了一段完整的语言：

> 职场人需要经常和他人进行各种事项的沟通，但是目前大学中没有教学生如何进行高效表达的课程，所以很多职场新人的表达水平都有待提高。怎样才能提高我们的职场表达能力呢？可以多阅读一些与沟通相关的书籍，了解沟通方法，并加以练习。

SCQA 结构特别适用于方案介绍的开场，引出话题，为后续的方案介绍奠定基础。在表达过程中，首先是在情景描述上要让听众产生共鸣，形成“没错，这个情景我也经常遇到”“这个问题也发生在我身上”的认同感。一旦建立起了听众的认同感，就可以让对方更加关注你的解决方案内容。

2. STAR 结构

STAR 结构同样来自四个英文单词的首字母缩写，分别是：

S（Situation）情景：这个事件/任务的背景情境是怎样的；

T（Task）任务：需要完成的任务目标是什么；

A（Action）行动：为了达成任务目标采取了哪些行动；

R（Result）结果：最终结果如何。

根据这个结构，可以组织形成这样的句式："这件事情的背景是这样的……要求我完成……的目标。为了达成这个目标，我采取以下几个行动……最终顺利实现了预期目标。"

STAR 结构经常应用在向他人进行经历介绍或工作汇报的场合，比如参加求职面试的时候，面试官经常会问一个问题："你遇到过最困难的事情是什么？"假设我遇到最困难的事情是当初在学生会外联部时给校园活动拉赞助这件事，按照 STAR 的结构，我们可以这么分解。

S（情景）：我们学院举办一年一次的迎新晚会，需要外联部寻找赞助商，提供资金与晚会礼品等支持。但我自身缺乏拉赞助经验，并且课程安排紧凑，无法抽出太多时间进行赞助商洽谈。

T（任务）：一个月内拉到赞助金额 5000 元。

A（行动）：结合活动宣传资源与企业需求制订赞助合作方案，寻找意向商家进行电话交流并拜访，共沟通商家 20 家，拜访商家 15 家。

R（结果）：成功签约赞助商 3 家，赞助金额 5000 元。

通过这个结构，我们快速整理出需要表达的信息，剩下的就是针对面试官问题中的“困难”程度进行详细说明。经过补充后，我们可以形成这样的回答：

我遇到过最困难的事情是当初我在学生会外联部担任干事的时候，学院准备举办一年一次的迎新晚会，需要外联部给这次晚会寻找赞助商提供资金与礼品支持。部长给我们下了一个目标：在一个月内，每个干事要拉到赞助金额 5000 元。当时我刚刚接触外联工作，没有谈客户的经验，也不知道如何寻找潜在客户，同时学校的课程安排非常满，没有太多的时间给我们进行这项工作。

在这种情况下，我采取了以下几种措施：首先向有经验的学长请教拉赞助的方法，提高自己的潜在合作商家收集与洽谈能力，同时利用一切可利用的课余时间进行潜在商家沟通，并根据每个商家的情况制订了有针对性的合作方案。在一个月的时间内，我一共沟通了 20 个商家，上门拜访了 15 家，最终成功签约 3 个赞助商，累计赞助金额 5000 元，顺利完成目标。

如果你是面试官，听到求职者这样的回答时，你会对这个求职者作何评价？你可能想说："目标明确、条理清晰、执行力强。这样的伙伴请给我来一打！"

3. PREP 结构

PREP 结构是来自四个英文单词的首字母缩写，分别是：

P（Point）观点：说明你的观点是什么；

R（Reason）理由：为什么你认为是这样的；

E（Example）例子：有什么例子可以证明你的观点；

P（Point）观点：再次强调观点内容。

从分点的内容中可以看到，这个结构适用于需要我们发表观点的场合，比如公司开会讨论一件事情应该怎么办、不同的选择之间该做何选择等。

很多企业在校园招聘面试时会采用无领导小组讨论的方式进行面试，让几个人组成一个小组，就一个开放性的问题相互发表意见，讨论后得出一致的结论。通过小组讨论的形式，来观察评估求职者的逻辑思维与表达、团队分工与合作等多项能力。在这个过程中，我们需要持续进行观点陈述，让团队成员认同我们的观点，这个时候就可以用 PREP 结构进行语言表达。

比如有一个无领导小组讨论的题目是这样的：

> 董事长要选择一个办公室主任，你觉得谁最合适？有薛宝钗、贾母、王熙凤、林黛玉这几个选择。请小组讨论

出一个最佳的合适的人选，并阐述理由。

这个问题并没有标准答案，面试官在观察过程中主要评估你是否有充分的论据证明你的观点。换句话说，你能解释得通就行。根据 PREP 结构，我们可以对回答的内容进行如下梳理。

P（观点）：我认为薛宝钗比较适合当办公室主任。

R（理由）：因为办公室主任的核心要求是协调各部门工作，做好上传下达的工作，这就要求这个人员具备良好的沟通协调能力，同时能让公司各部门的员工都认同与信服。在善于交际的同时，还要有认真细心的工作习惯。从这几个方面的能力要求上来说，薛宝钗都是非常符合的。

E（例子）：从薛宝钗为人处世的一些细节中可以得到验证，比如她出钱出物为史湘云设东摆螃蟹宴，解决了湘云贫寒、势单却要请客的困难；她照顾命运坎坷的香菱，使香菱免受欺负；连猜忌她的林黛玉，她都用心教导。同时在她的管理下，大观园各个事项都井井有条。

P（观点）：我们可以看到宝钗所具备的能力与办公室主任的能力要求是高度一致的，因此我认为，薛宝钗是办公室主任的最佳人选。

在这个回答中，有对岗位的任职要求分析，有对薛宝钗的能力构成分析，并对两者的匹配度做了强调。通过这个结构进行观点陈述时，不仅能做到逻辑清晰，在抛出观点后给出相应的事例证明，能让听者产生“有理有据”的评价，更容易让听者接受你的观点。

组合使用，灵活掌握表达的核心思路

SCQA、STAR 与 PREP 这三种语言结构，可以单独使用，也可以结合在一起使用。比如将来如果有人问我职场新人要读这本书的原因是什么，我会将上面三种结构结合起来说。

1. SCQA 结构开场

“我们在职场中需要经常和他人进行各种事项的沟通，沟通水平的高低影响着领导和同事对你的能力水平评价。良好的职场沟通表达技巧是每个职场人都需要学习掌握的一项技能。但是目前国内大学中都没有教学生如何进行高效表达的课程，所以很多职场新人的表达水平都有待提高。怎样才能提高我们的职场表达能力呢？可以多阅读一些与沟通表达相关的书籍，了解相应的方法并加以练习。”

2. STAR 结构说明

“我刚进入职场时，曾经多次因为沟通表达能力的缺陷严重影响了工作质量，比如在做培训工作时没讲好课，导致培训效果不理想；在做年度述职报告时，因为表达内容混乱汇报一半而被领导终止了述职。这些失败的经历让我下定决心提高自身的沟通表达能力。为了实现这个目标，我看了不少沟通的书籍，也听了不少职场沟通课程，并且通过不断练习，让自己更好地应用沟通方法理论。经过几年时间的努力，我的沟通能力得到了提升，再也没有发生初入职场时的窘况。”

3. PREP 结构论证

“我将这几年学习总结的职场沟通表达经验整理成了这本《逻辑表达：井井有条的职场沟通术》，相信对于职场新人的逻辑表达方法的学习与能力提升有所帮助。因为我自己也是一步一步从不会、不懂走过来的。我知道职场新人在这个过程中可能会遇到哪些问题、需要怎样的解决方案，内容的实操性比较强。而且在进入职场咨询领域创业后，我也用这些方法帮助很多职场新人解决了沟通上的困惑，这些结果证明我的方法是可行的。我认为大家可以读下这本书，让自己拥有更好的职场沟通表达能力。”

以上是将这本书作为例子说明一下三种语言结构的组合使用。如果说沟通方法的学习，还有其他优秀的相关书籍也能帮助到大家，每个人都应该根据自身的情况去选择合适的学习材料。

除了前面介绍的三种结构，职场中还有很多其他表达语言结构，核心的逻辑都是围绕场景将需要表达的内容进行分模块表述。根据分模块的表达结构思路，我们甚至可以自己总结出一些固定的语言结构出来。

职场中的表达没有一成不变的套路，掌握语言结构背后的逻辑思路，将其内化为我们的思维，这样才能让我们在职场沟通中做到游刃有余。

将逻辑思维模型，内化于习惯的培养中

思维很重要，思维模式决定了表达方式，但我们应该如何塑造自己的思维模式呢？要知道这个问题的答案，首先要知道思维模式是如何形成的。

中国的教育体制经常被拿出来，和欧美国家的教育制度进行对比。大体上，人们的印象是欧美教育体制下成长起来的学生，思维更为活跃，更具创造力和想象力，而国内教育体制下成长起来的学生更为循规蹈矩些，遵守规则，服从命令。

我无意去评价国内外教育制度的差别，因为我本身也没有接受过国外的教育，对国外的教育知之甚少，而且即使制度间存在差别，两者也是各有利弊的。但不同的教育方式，对人思维模式的形成有极大影响，这是毋庸置疑的一件事情。

创造力与想象力更多源自我们的发散性思维，这种思维的形成与我们在学习过程中是否常被约束与纠正有关。中国几千年来倡导的儒家文化始终在强调规矩，“君君，臣臣，父父，子子”，这是我们一直以来接受的观念。它制定了一个规则与思考框架，让我们的思维在这个框架内活动。比如我们上学时的考试都是客观题，有着标准的答案和解法，当你的回答与标准答案不一致时，老师会给你打个叉，然后写个“0 分”。这种练习的次数多了，

我们就会习惯于用标准答案的思路来解题，形成什么是正确、什么是错误的观念。

应试教育体制下，将所有学生的思维统一成一种，在考试中更加容易接近标准答案，获得高分。但这种教育方式的弊端在于限制了学生的创造性，所以今天社会越来越提倡素质教育的理念。之所以在大多数的评价中，欧美教育体制下成长起来的学生，其思维更为活跃，与他们接受的教育方式有关。比如欧美国家更多地让学生去做主观题，没有标准答案，但要求学生能够自圆其说。这种环境更有利于学生进行独立的判断和思考，随之形成批判性思维、创造性思维等更多元化的思维模式。

思维模式的形成，源于我们所接受的教育带给我们的做事方法与习惯。它并不来自一朝一夕的练习，而是在日积月累的行为习惯中潜移默化形成的一种思考方式。

要塑造我们的结构化思维，首先要从身边的小事入手，先养成结构化处理各种事项的习惯。

比如可以在每天开始工作前，在一张 A4 纸上写下你今天所有的待办事项，并对事项进行分类整理，制订一天的工作计划，这不仅能提高一天的工作效率，更能通过对工作不断的梳理形成结构化思维。

之前，我经常找公司前台拿打印过的废弃 A4 纸张，利用空白的纸背面梳理工作事项，并制订当日计划。当把梳理每天工作的 A4 纸用风尾夹夹在一起时，会产生一种特别的成就感，对于我来说，A4 纸和凤尾夹可以说是最好的工作工具了。

又比如当你在阅读一本书时，边阅读边整理这本书的思维导图，这样不仅能帮助你更好地厘清一本书的内容，巩固知识，加深记忆，还能帮助你在需要的时候能快速回忆起这本书的要点。绝大多数人看完一本书后，只会在当下短时间内保留对书本内容的记忆，要让阅读更有价值，就要将知识转化成技能或者思维，只有这样，才能说明你真正理解了这本书的内容。

画思维导图的过程，就是梳理知识框架、建立结构的过程。我们可以借助一些软件来帮助建立结构，比如百度脑图、Xmind 等，都是很好的思维导图工具。

诸如这样的习惯，隐藏在日常工作生活的方方面面。除了前面提到的每天工作开始前先整理当日工作事项、阅读书籍的过程中整理思维导图外，我们还可以通过写日记对当天的工作、生活进行总结，定期整理工作文件资料进行办公管理，开始一段旅行前制订行程、安排攻略等方式进行结构思维的练习。这些都是对我们的职业成长有利的行为方式。

行动永远是最好的学习方式，就像曾经有人告诉我，赚钱是一件顺带的事情，始终盯着钱的人往往是赚不到钱的。同样，对于逻辑思维能力的改善和提升，我们没必要盯着这个目标去想怎样提升，从小事入手，养成习惯。随着习惯的累积，当有一天你回头看的时候，会发现不知道在什么时候，你已经建立起了逻辑思维模型。

》 第四节

让你的表达脱颖而出，先从简历表现自己

清晰表达，从写好一份简历开始

在做求职辅导咨询工作时，我们团队发起了一个求职简历评估服务，免费给求职者进行简历评估并给出优化建议。在三个月的时间里，我们收到了一千多份简历。在对简历进行评估的过程中，我深深感觉到简历质量的高低除了与自身的工作学习经历相关外，其中的表达逻辑更是影响巨大。

简历作为进入职场的敲门砖，是我们最早接触职场表达的一种方式。我们可以把写好一份简历作为职场表达练习的第一步。

通常一份简历会由这几个部分内容组成：个人基本信息、工作经历、其他补充内容。其中，工作经历作为简历的核心内容，

在表达上经常能看到以下两种误区。

第一种是把个人经历写成岗位介绍，罗列工作事项且结构混乱。比如很多人在简历当中对自己的工作经历描述是这样的：负责培训部体系搭建；制订年度培训计划与实施；协助上级领导制定培训预算与费用管控；负责公司内、外培训相关事宜；走访经销商和培训结果跟踪反馈；线下微课堂培训内容实施；组织、策划大型区域性经销商培训；结合相关部门需求，设计开发课件；指导本部门员工工作技能的提升。

这段经历介绍中，通篇讲的是岗位的工作职责，没有任何个人工作方法及结果等信息，如果负责招聘的 HR 偷个懒，甚至可以直接把这段话作为招聘信息发布了。

第二种是表达内容冗长、没有重点，比如下面这段描述。

负责餐饮门店的营销工作，主要通过以下几个方面宣传店铺：

- 团购网站（大众点评和百度糯米）：搭配丰富的套餐，以最优惠的价格吸引新顾客，同时定期举办满减活动，从而扩大新顾客来访量。
- 微信公众号：引导顾客扫二维码加入公众号，以便获取最新的菜品及活动资讯。通过区域的美食类公众号投放，获取更多新客源。
- 微信群：建立老客户微信群，从而增加与客户之间的黏性，近距离了解客户的需求。

- 微信朋友圈广告：根据用户手机定位，在微信朋友圈投放我们店铺的广告。

- 店内营销活动：结合节假日和新品上市，策划了9场活动，其中6场活动较为成功，活动期间的平均营业额提升30%。“一元吃海鲜”是我们策划过最成功的活动，活动开展后的营业额提高了50%。本次活动经验告诉我们，把投放广告的成本回馈给客户，但同时在成本价做活动的情况下保证菜品质量，就会吸引到一大部分回头客。

这段经历的描述使用了很长的篇幅介绍营销渠道和方式，内容字数很多，完整看完这段信息就要耗费不少时间，更不用说从中提取出有价值的信息了。

要对简历进行优化，方法思路与前面讲到的信息结构化处理与表达是一致的。首先对工作事项进行分类，就会发现在第一个培训经历案例中对于工作事项的罗列是不符合MECE原则的。比如负责公司内、外培训相关事宜，这里面包含了培训结果跟踪反馈、线下微课堂培训内容实施、区域性经销商培训组织策划等诸多事项，应该进行合并。分类整理后，可以将工作内容分成以下四个类别：培训体系搭建；年度培训计划制订与实施；培训课程开发；培训人才培养。

在事项类别梳理清楚后，就要思考如何对这件事情进行描述了。这时可以用上前一节讲到的STAR结构。修改后的经历描述可以是这样的：

- 培训体系搭建：独立设计全国金牌店长养成计划，针对门店店长能力欠缺的情况，通过25天的门店暗访，与店员、店长的问卷调查、面谈进行需求收集分析，设计店长养成计划。内容涵盖专业产品知识、营销策划、销售管理等5个板块，并完成相应课件开发。
- 年度培训计划制订与实施：结合公司及经销商团队需求制订年度培训计划，通过线下授课与线上网课的形式开展。团队全年共面向公司内部及经销商体系开展产品销售、客户开发等培训24场，线下覆盖300人次，线上课堂全国覆盖600人次。
- 培训课程开发：共开发“新时代下经销商管理”“竞争下的客户开发”等6个对内课程，以及“金牌店长的必备条件”等8个对外课程。课程内容得到公司内部及经销商的一致好评。
- 培训人才培养：针对入职新人培训能力不足的情况，制订新人培养计划。通过课件制作方法、培训需求分析方法等多项内容的指导教学，帮助1位新人培训师通过半年时间实现了独立开发基础课件，并进行了3场独立课程讲解。

将工作事项进行分类梳理，并用STAR结构进行描述后，我们再来看这段经历，就能清楚了解求职者具体做了哪些工作、各项工作的成果是怎样的，进而对他的能力水平形成判断。那么，他获得面试邀请的机会更大。

在第二个案例中，同样存在分类结构重合的问题。团购网站、微信公众号、朋友圈广告是营销渠道，应该合并为一类；满减活动、“一元吃海鲜”活动都是具体的营销活动方式，也应该合并。同样经过梳理后，我们可以将事项分成以下几个类别：合作营销渠道拓展；营销活动策划与实施；客户关系维护。

除了内容点的分类外，在描述中介绍了不同渠道的具体说明，比如团购网站的套餐搭配、根据定位进行广告投放等。这些具体的操作方法对于HR来说不是重要信息，就像第一个案例中介绍培训需求分析时，只要介绍用什么方式进行需求分析，而不用讲问卷怎么设计、门店暗访的步骤流程是什么一样。在介绍营销渠道时，说明都采用了哪些渠道进行营销拓展即可，这样能使简历内容更加简洁，重点更加突出。

通过对事项内容的提炼，我们可以将经历修改成以下表述：

- 合作营销渠道拓展：通过团购网站、微信美食类公众号、微信朋友圈广告等渠道进行店铺宣传；通过对门店套餐优化、满减促销活动等方式吸引新客户，每日平均客流量从开业初期的 × 人到后期 × 人。

- 营销活动策划与实施：结合节假日和新品上市等营销节点，共策划了9场营销活动。活动期间，门店平均营业额提升30%，其中“一元吃海鲜”活动促进了营业额50%的增长。

- 客户关系维护：通过门店微信公众号与客户微信群的形式与客户建立联系，增加客户黏性，了解客户需求。截至2018年5月，门店微信公众号粉丝×人，客户微信群好友×人，与客户形成了良好的互动关系。

讲话不糊涂，读透表达中的行为逻辑

在简历中，对一份经历描述内容的优化方法的关键点在于工作事项的分类与STAR结构的应用。但使用了这两个方法后，就一定能写出一份好简历吗？未必。

在企业招聘时，决策的核心要点是“你适不适合”，而不是“你优不优秀”。面对上面情况，哪怕你的工作经历描述得再完美，也不会获得HR的垂青，因为你的能力与企业用人要求不匹配。就像我口渴得不行了，要找水喝，你却给了我两个大馒头。

在职场表达中，除了语言结构逻辑，还有一个很重要的点，就是你的内容本身是否合理、正确。我称之为表达是否有行为逻辑。

行为逻辑就是在沟通表达过程中话术内容之外的思考行动思路。有时候，我们会说“某某人的这个行为不符合逻辑”，这句话背后传递的信息是指一个人应该基于他的身份、环境、场合等因素采取合适的行为方式。

例如你是学生就应该努力学习、积极请教，是领导就应该以身作则、树立榜样，这就是我们做一件事情的行为逻辑。在表达上，前辈会告诉我们在什么样的场合说什么样的话，这就是行为逻辑在表达上的体现。

很多沟通场景中，沟通结果不理想，不是因为你讲的内容是错误的，而是你的行为逻辑出现了问题。比如和女朋友吵架，对方在气头上时你跟她讲道理，你的道理越正确，她反而越生气；越是生气，吵架越会不断升级。但如果你先安抚她的情绪，等她气消了再慢慢跟她讲道理，你就会发现，其实她并不是一个不讲道理的人，甚至对道理的认知比你透彻。因此，沟通过程中的行为逻辑的重要性甚至高于语言的逻辑。

放在写简历求职的场景下，正确的行为逻辑是先思考一个问题——信息接收者的需求是什么。

你所投递的岗位是什么？招聘录用标准是怎样的？需要具备哪些能力？如何证明自己具备相应的能力？HR 在阅读简历时关注哪些信息？简历内容重点应该是什么部分？这些都是我们在开始写一份简历前应该思考的问题。

绝大多数人写简历的步骤是“百度搜索简历模板—根据模板填写简历内容—完稿投递”。通常，按照这个流程写出来的简历质量都比较一般，因为行为逻辑错了。

经历的描述方法、语言结构，这些只是写简历的工具，但在使用这个工具之前，我们首先要知道的是，用这个工具要解决什么问题。简历要解决的问题，是说明“我适合”，而不是“我优秀”。很多刚进入求职市场的同学会用一份简历去投不同的岗位，这也是很多人投递了许多岗位却迟迟没有面试邀请的重要原因。

方向不对，再怎么努力都是错的。要想让求职简历从茫茫简历中脱颖而出，写简历时，我们的流程应该是这样的：分析目标岗位要求；围绕目标岗位要求，整理相关经历事项；用合理的语言结构，描述经历事项；简历书写，并修改。

采用这个流程写出来的简历，通常质量不会太差。同样，在职场沟通过程中也有行为逻辑与语言逻辑的分别，比如汇报工作时，首先要想的是在什么时间点进行汇报、汇报的方式是什么、需要汇报哪些信息等。这些问题明确之后，再通过结构化的语言进行汇报内容的表达，不仅能让你的表达更有条理，还能更好地实现沟通目标。

根据职场表达的行为逻辑分析，可以整理出完成一次表达的流程，包含以下三个步骤：沟通目标确认、沟通内容整理、内容表达与传递。

在这个流程中，内容表达只是最后一个步骤，前面两个步骤准备的质量如何，直接影响到最终的表达质量。职场沟通是一项需要充分准备的行动，如同《论语》中说的“三思而后行”，在职场沟通中，我们也应该“三思而后言”。

第三章

把逻辑思维用在实操上，就这么简单

逻辑思维强的人，在日常工作中能迅速、准确地把握住问题本质，尤其在面对纷繁复杂的事情时，更可以发挥突出的作用。无论面对提问、批评、拒绝时，都需要运用逻辑表达技巧，让对方顺着你的思路走。

》 第一节

工作汇报：简洁、高效、主动地传达信息

积极的人，往往会主动汇报

在上一份工作中，我管理着一个三十多人的小团队。当有新人加入团队时，在每天工作结束后，我都会单独问他们一个问题："今天学了什么？有哪些收获？"类似的场合在职场中经常上演，上级只有了解员工的工作情况后，才能提供针对性的帮助。而作为下属，我们在工作开展的过程中也要让上级知晓工作进度、阶段性成果以及后续计划，这样才能推动工作朝预期的方向发展。

在职场中，向上汇报的重要性不言而喻，也是每个职场人必须掌握的技能、必须养成的习惯。

在讨论如何进行工作汇报前，首先要知道在什么情况下要进

行工作汇报。通常在以下几种情况下，需要向上汇报工作。

- 工作开展前的计划确认汇报：在工作计划制订后、执行前，我们需要向上级进汇报，告知工作计划，确认计划的可行性及是否需要调整、优化等信息。

- 工作开展过程中的信息情况汇报：工作开展过程中的阶段成果是怎样的，遇到的问题有哪些，需要什么支持，是否按照计划进度推进，计划是否进行调整，后续的工作计划是什么。这些事项都要向上汇报，让上级做到心中有数。

- 工作完成后的结果反馈汇报：预期目标是否达成，有哪些经验总结，有什么不足需要改进等信息。

- 超出自身决策权限范围的事项汇报：当一件事情超出了你的决策权限范围时，私自下决策是不合理的。除非条件不允许，否则都应征求上级的意见再进行决策判断。

我们可以根据不同阶段的汇报内容属性，将汇报内容分成两类。

- 信息告知类汇报：例如进度告知、结果反馈、阶段总结等内容，这类内容的核心都在于让上级知晓某类信息，上级只需完成“听取审阅”这一动作。

- 意见咨询类汇报：例如决策制定意见、工作方法指导需求支持等内容，这类内容的核心在于让上级知晓并提供指导方法、意见，推动工作的开展。需要上级完成的动作包含“听取审阅”与“意见反馈”两个步骤。

两种汇报形式不一定完全独立。在进行意见咨询之前，我们通常要做信息告知类的动作。除了这些情况下需要进行汇报外，汇报工作的方式上还有主动汇报与被动汇报的差异。主动汇报能够向上级传递积极主动的印象。在职场中，应该更多地主动汇报工作。但大多数人习惯于被动式汇报，原因往往不在于他们工作不努力或者成果不理想，而是认为主动汇报没太大必要，只要自己努力工作、完成任务，领导一定会看到，甚至将一些主动汇报行为视为刻意逢迎上级，这种观点在职场上是不可取的。

如果我们将自己切换到领导的角色，就能体会到汇报的重要性。追随松下幸之助30年的江口克彦，在《我在松下三十年》一书中指出："对于上司来说，最让人心焦的就是无法掌握各项工作的进度……如果没有得到反馈，以后就不会再把重要的工作交给这样的下属了。所以要知道，虽然只是一个简单的汇报，却能让你得到上司的肯定。"如同我开头部分讲到每天都会和新人进行学习情况交流一样，上级一定希望能够更多地了解团队成员的工作情况，以便更好地进行工作指导和业务把控，确保预期目标的达成。

从个人角度来看，不进行主动汇报，也就意味着你放弃了本应该有的和上级交流的机会，对于自己的成长未必有利。因此，埋头苦干是需要的，交流学习也是必需的。换一个角度审视自己的工作，能够有不一样的收获。

醒目的人，都会选择有价值的汇报内容

主动汇报并不意味着事事汇报、实时汇报。事无巨细地汇报是一种不会抓重点、对有价值内容的认知偏差的表现。要想让工作汇报有价值，决定性因素在于汇报的内容是否有价值。

什么是有价值的内容？比如我是一名公司前台，负责来访客户的接待工作，这是岗位职责，那么我今天接待了几个客户，这个信息就没有汇报的价值。即使你将来访客户分类得再清晰，它依然没有汇报价值。因为这个信息对于公司的业务发展、流程改进、效率提升等没有丝毫帮助。但如果说你在进行来访客户接待过程中发现了一些问题，比如公司没有访客来访登记记录而导致访客管理混乱，那这个信息的汇报就很有价值。后续，领导可能会对访客的来访登记、接待流程进行设计、调整，改善访客管理混乱的情况。

从上述对比中，我们能发现哪些内容才是有汇报价值的。通常可以分成以下几种类别。

- 问题类：个人或者团队在工作过程中遇到问题，需要征求上级的意见或得到上级的指导支持；
- 建议类：个人或团队通过对工作方法、业务流程等相关事项的观察分析，得到的对工作有推动性作用的方法、方案或建议；
- 进度类：所负责工作的推进情况、业务进度等相关信息，能够让上级对你的工作情况有充分了解；

- 总结类：所负责的工作项目完成后或者常规工作开展过程中的阶段性分析总结。

这四类有价值的汇报内容，要么是对于业务的推进有帮助作用，提出工作过程中的问题并纠正改进；要么是能够让上级对你有更多的了解，进而给你提供有针对性的指导、帮助。这就是评估一个信息是否有汇报价值的衡量标准：对业务开展是否有帮助，对加深上下级的了解是否有帮助。

在思考一个信息是否有汇报的价值时，可以先问一下自己关于这两个问题的答案，如果有一个问题的答案是肯定的，那么它就具备汇报的价值。

抓准时机，做信息告知类汇报

根据事项的重要性与紧急程度，我们可以将工作中遇到的事项分成以下四类：

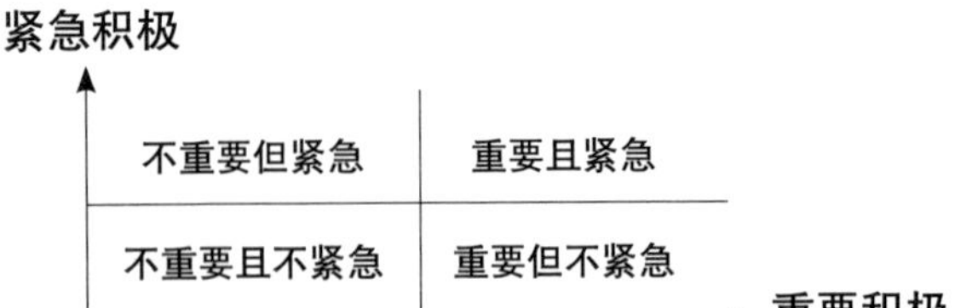

在以上四个象限的分类中，重要性指向这件事情汇报价值的高低；紧急程度指向这件事情是否需要立即处理。基于我们前面

提到的，向上汇报时需要汇报的是有价值的事情，不重要的事项通常没有汇报的必要。重要的事项根据紧急程度的差异，在向上汇报时可以采取不同的时间。

- 重要且紧急的事项：比如超出自身决策权限并且需要立即做出决策的事项、对目标达成有重要影响的个人工作失误等。这类事项需要第一时间向上汇报征求意见，让问题快速得到解决。

- 重要但不紧急的事项：比如阶段性的个人工作总结、业务问题分析探讨等。这类事项的交流通常需要比较长时间，可以与上级约定时间，在上级时间充裕的情况下进行深入交流。

以上是对向上汇报的行为逻辑分析。针对不同的场景及汇报内容，根据沟通目标确认—内容整理—语言表达交流这三个步骤，我们可以对向上汇报的语言逻辑做以下分析。

既然是信息的告知，那么沟通目标就很明确：让上级在最短时间内知晓事项的内容。基于这个目标，在表达上要做到语言简洁，重点突出；要分清哪些是重要信息，哪些是不重要信息。我们以方案汇报、工作失误汇报、建议反馈类汇报这三件事情为例，分析一下如何做到语言简洁和重点突出。

1. 方案汇报

假设你是考研培训机构一名招生负责人，负责统筹、规划招生的所有事项。新学期开始，你准备在校园内做一些营销活动，你做了一份活动方案准备向上级汇报。汇报内容可能是这样的。

新学期开始了，我们计划做一些校园活动，我看了一下，有两个学校的活动内容和形式和我们的目标人群还是比较一致的，准备通过赞助他们的活动帮助我们做些宣传。除了活动赞助外，我们还将和学校一起组织一些免费考研讲座，这样可以让学生对我们的内容与服务质量有一个直接的体验。另外再做一批宣传单，找一些学生兼职在学校宿舍派发一下。这样对我们这学期的业务推广会有帮助。

在这个汇报内容中，“我”将活动计划采取的方式一一做了介绍，回到我们对沟通目标的分析，这种汇报方式能够在短时间内让上级清晰知晓你的方案内容吗？

可能你觉得很清晰了，但在上级看来还远远不够。在汇报前，我们首先要知道上级在听方案汇报的时候都关注哪些信息。

上级在对一份提案建议进行评估时，需要了解的信息包括以下三个方面：

（1）是什么。方案的目标是什么，活动的形式内容是什么？

（2）为什么。活动的背景是怎样的，为什么要做这个活动，为什么采取这些形式？

（3）怎么办。活动的执行计划是怎样的，需要多少费用预算，从筹备到开展需要多长时间，需要提供哪些资源，需要哪些人员参与？

我们需要做的事情，是围绕方案的核心信息将对应内容整理好，通过结构性的语言表述出来。内容的整理可以使用自下而上的归纳方法进行。我们可以将上述汇报内容整理成以下板块：

（1）方案目标：提高品牌在目标用户中的知名度与付费用户转化。

（2）方案形式：校园活动赞助、校园免费讲座开展。

（3）方案背景：学生进入考研准备期，是招生的旺季；同时有多家考研辅导机构竞争，需要加强在考研学生群体中对于我们的品牌与服务认知，形成竞争优势。

（4）执行计划：在接下来一个月里，分别赞助两所高校校园活动 1 场，并合作开展考研免费辅导讲座 4 场。通过学校学生会等部门及兼职学生到宿舍发放传单两种方式进行活动宣传。预计活动预算 2 万元。

如果进行邮件沟通，可以按照梳理的内容结构用上述形式将方案信息向上汇报；如果是线下语言沟通，只需要在梳理好的不同内容板块中加上过渡衔接性的语言即可。基于梳理的内容要点，我们可以形成以下汇报语言。

为了提高公司品牌在考研学生群体中的知名度与付费用户转化，我们计划在接下来一个月时间里开展校园活动赞助与校园免费考研辅导讲座的活动。

因为目前学生进入考研准备期，是招生的旺季，同时有多家考研辅导机构竞争，需要加强在考研学生群体中对于我们的品牌与服务认知，形成竞争优势。这两项活动的开展，有助于我们品牌认知度的提高与付费用户转化。

基于我们的营销目标，选择了 A 高校和 B 高校两所学校进行两场活动的赞助，并与校方合作开展考研免费辅导讲座 4 场。活动前期会通过学生宿舍发传单的方式进行活动宣传，同时两所学校的学生会也会给我们进行活动信息推送。预计覆盖考研学生 5000 人，活动预算 2 万元。

对比前后两段汇报的内容可以发现，方案汇报的要点在于将方案内容进行结构化整理，减少不必要的细节描述，突出方案的目标、形式、预算等重点内容。当我们明确内容重点与模块后，做到逻辑表达，自然就水到渠成。

2. 工作失误汇报

每个人在工作中难免会有工作未达到预期目标或者犯错误的时候，这很正常，毕竟人非圣贤，孰能无过。但不同的人在失误发生后有不同的应对方式，有的人会刻意隐瞒，报喜不报忧；有的人会找各种理由解释失误的原因，推卸自身的责任或者将责任推给他人；有的人将失误情况汇报后就等着上级提供解决方案。这几种方式在职场中都是不可取的。

在职场沟通中会采用什么样的形式、传递什么样的内容，根源来自于我们对待工作、对待职场的态度，正如沟通的“道”与“术”的不同一样，我们对于职场工作的态度决定了我们在不同场景下会采取什么样的措施。对于工作中出现失误的情况，首先需要做的事情不是隐瞒或者寻找借口，承担责任、积极补救才是应当做的事情。我们可以将工作失误的汇报内容进行如下梳理。

（1）失误内容是什么：在什么环节出现了问题？造成了什么影响？

（2）失误原因分析：是什么原因导致了失误的发生？

大多数人的工作失误汇报内容只包含这两个部分内容。从信息传达的角度来说，失误事项信息本身是完整的，但我们不应该忽略对个人思考信息的传递。同样的事情，在不同人中有不一样的思考和总结，而这正是每个职场人的差异所在。我们应该思考的信息包括：

（1）补救措施是什么：针对失误的情况，你已经采取或者计划采取哪些补救措施？失误造成的影响是否得到解决？

（2）对于失误的总结：这次失误给你带来了什么的经验教训？后续工作中将如何避免再次发生类似的问题？是否可以将经验分享给他人，避免部门同事重蹈覆辙？

正因为是工作的失误，在向上汇报时不应只停留在对失误本身的说明上。从失误汇报的行为本身来说，可能你会得到上级的批评，但也可能通过这件事情加深上级对你的认知，得到肯定。如同企业的每一次危机中都包含“危险”和“机会”一样，我们也可以将工作过失的汇报转化成一次加深上级对你认知的机会。

在汇报时，针对不同的内容板块，应该注意以下几点。

（1）汇报失误内容时，客观地告知失误事项及其影响，不要隐瞒、掩饰。

（2）分析失误原因时，不推卸责任，不找理由借口。原因和借口的区别在于，原因是客观存在的，与工作失误的发生有因果关系，没有替代方案可以解决这个因素对于工作执行的影响；而借口更多是为了解释自身行为，强行将一些现象作为失误的解释说辞，或者有其他替代方案可以解决这个因素带来的问题，避免失误的发生。借口与失误的发生没有必然的因果关系，因为有替代性方案存在。

（3）行动在汇报之前。既然失误是已经发生的客观事实，那么第一件要做的事情是采取尽可能有效的方式进行补救，将失误造成的损失最小化；或者在汇报前准备好补救措施，与上级进行商讨，用最快的速度将行动措施加以落实。

基于以上要点，我们可以形成这样的表达语言结构：失误内容—失误影响—原因分析—补救措施—总结思考。

举个例子，人力资源部负责薪酬核算的小 A 由于对公司绩效考核制度不熟悉，将销售部门员工绩效薪资计算错误。报表提交领导审批时，小 A 发现了绩效薪资计算错误的问题，找到经理进行汇报，那么可以用以下话术：

经理，我刚刚重新检查了一遍本月员工薪酬表，发现销售部门的薪资有错。在绩效薪资这块，因为我的计算失误，少算了一部分，目前薪资表上的值比实际应发薪资少了5%左右。需要对薪资进行重新核算，我现在立即重新核算检查一遍，确认无误后再重新走审批流程，会在下班前完成。这次失误是我的责任，我对销售部门的绩效考核规则理解有误，等重新核算结束后，我会详细研究公司各岗位的绩效考核规则，计算薪酬时做好检查，避免以后再出现同样的错误。

当然，在实际沟通场景中，这段话不用一次性说完。对于失误的总结内容可以在与上级确认了后续补救方案后再做补充，先聚焦于问题的解决方法，再进行分析总结的交流。

3. 建议反馈类汇报

当我们在工作中发现有一些工作流程、方法可以加以改进时，可以向上提出建议，与上级评估建议方法是否可行。这是一个个人观点表达的过程，需要我们将观点、预期结果、方案依据等信息进行清晰表述。这种情况下，可以采用PREP结构进行表达。

以前文提到的考研机构校园营销方案汇报为例，如果不是汇报具体的执行方案，而是建议公司在新学期开展一些营销活动，根据PREP结构进行分解，可以将建议信息分成以下内容。

P（观点）：我们需要在接下来一个月做一些校园营销活动。

R（理由）：学生进入考研准备阶段，开展营销活动能够提高品牌的认知度，并促进付费转化。

E（例子）：去年同期，通过开展校园营销活动，当月业绩增长 50%。

P（观点）：开展校园营销活动是有必要的。

作为工作建议，我们汇报时的目标一定是希望公司采纳这个建议并执行，所以在建议反馈类汇报中，对这项建议的理由和例子证明必须有说服力，能够充分证明建议的必要性与可行性。

要提高建议的必要性与可行性，在提供理由与例子证明时可以通过数据呈现、结果描述的方式来进行强调。特别是与公司的营收、业绩相关的建议举措，数据结果是最有说服力的方式。

开门见山，做意见咨询类汇报

在工作中遇到问题，需要征求上级的意见时，我们的目标是希望上级针对问题给出可行性的意见，这种情况下我们需要思考的第一个问题是：向上级提问、咨询时，我们需要向上级传递一个什么样的个人形象。

积极提问能够传递勤学好问的形象，但这在职场上远远不够。从上级来看，他们更希望看到一个能够积极探索、独立思考的下属。所以在征求上级意见时，很重要的一点是要带着思考后的答案进行咨询，而不是将问题甩给上级，等着上级提供解决方案。

例如公司培训部为了录制培训视频，需要购买一台摄像机。部门经理将购买摄像机的任务交给了小 A。经过一番分析对比后，小 A 确定了一款产品，准备向经理汇报确认采购信息。

汇报方式 1："经理，经过全面的分析对比后，我觉得可以购买这款产品。这款产品，无论是在价格区间还是产品质量上，都比较符合我们的使用需求。价格是 8000 元，你看有问题不？"

汇报方式 2："经理，基于我们录制培训视频的使用要求，我筛选出了三款产品作为采购备选项，您看下哪个比较合适。三款产品是根据摄像机的拍摄质量、存储空间、产品价格这几个维度筛选出来的。第一款产品的拍摄质量最好，第二款产品的价格最便宜。但我个人比较倾向选择第三款，拍摄质量符合录制要求并且价格适中，产品的评价也是三款中最好的，你觉得怎样？"

两种方式相比，第二种汇报方式会更好些，两者之间的差异表现在以下几个方面。

1. 征求意见而不是直接帮上级做决定

作为下属，我们不要直接替代上级做决定，在一些关键事项的决策上尤为如此。因为我们分析问题的角度未必与上级相同，可能一些重要的因素未能考虑到，同样做出来的决定也不一定是最优决策。能否直接做决策，取决于这项工作是否在你的权限范围内。如果超出你的权限范围，还是要按照上级意见来执行。在征求意见时，我们可以提供 2—3 个备选方案供上级选择，既传递了我们有经过完整思考分析的信息，也给上级提供了选择空间。

2. 说明过程而非只介绍结论

第二种汇报方式中，将产品选择的分析维度做了介绍，这是一个介绍工作方法的过程：我们是如何分析这件事情的，为什么这么分析。说明自身的分析思路也是在减少上级的分析决策时间。如果你的分析思路与上级相同，那么相当于你提前做好了产品对比分析的工作；如果分析思路不同，也可以在你与上级分析问题思路的差异间找到差距所在，更好地提升自身的问题分析思维。

3. 给出建议而非等待答案

基于问题的分析思路给出了决策建议，而非将选项告知上级后等待上级的答案，说明你对于问题的解决方案和行动措施是经过分析的，有利于你在上级心中和职场中树立良好的职场形象。

把这三个要点总结在一起，就可以得出我们在向上级进行意见咨询时的沟通要点：结合问题提供 2—3 个备选方案，说明分析过程并给出选择建议，听取上级的决策意见。

通过对方案汇报、意见咨询等不同类型的向上汇报沟通场景分析，我们会发现，无论在什么内容的向上汇报过程中，第一点都是讲结论与目标，传递此次沟通的目的及核心信息。简洁明了、直入主题，不添加无意义的铺垫描述，这也是提高职场表达效率的重要方法——结论先行。

如同在语文阅读理解考题中都有一个问题叫做“本文中心思想是什么”，结论先行的汇报方法就是直接表明此次沟通中心思想的措施。信息接收者在听到结论需求时能立即知道你接下来要表达的内容是关于什么的，需要他以什么方式与你进行交流。

可以使用本次向上汇报的事件属性作为汇报开始，参考如下：

“经理，有个问题想咨询下你的意见。”

“主管，和你汇报下目前的项目进展。”

“关于接下来的营销方案，想和您做个确认。”

这是我们在沟通开场时明确目标的一种最简单也最有效的表达方式，说明汇报的事件属性后立即提出本次汇报的观点结论，如“我认为需要加大市场宣传投入”“项目目前推进情况与预期目标一致，预计可提前两天完成”等。

提出结论后，在此基础上进行阐释说明，不仅能提高表达的逻辑性，也方便信息接收者进行信息提取与理解。

在准备汇报内容的过程中，可以将自己切换至倾听者的角度，看看所表达的内容是否简洁明确，能否实现良好的信息传递。

在沟通中，我们既是一个内容表达者，也是一个信息接收者。在思考如何提高表达效率时，想想作为倾听者，我们希望对方如何表达信息，这样对于内容表达的方式方法就会有更好的认识。

认真对待每一次的汇报交流，将向上级汇报建设成与上级深度交流的机会，获取更多经验与方法，这样才能帮助我们在职场中走得更快些、更远些。

》 第二节

提问：推动对话开展的有效方式

心理博弈，请教式提问的沟通方法

如同上学时你的同桌可能问过你某个考试题目的解法一样，在学习、生活中，我们都有遇到过被他人请教的情况。要想知道如何才能做好一个请教问题的提问者，首先需要切换角度，看看自己希望别人如何向我们提问。

假设你手上正有重要的事项忙得不可开交，这时别人向你提出一个极其基础并且与目前工作相关性并不大的问题，而这个问题可能他自己稍微思考一下或者上网搜索一下就能知道答案了，这种情况下，你是否愿意放下手上的工作，向他回答这个问题？

如果是当面提问，可能你会用一两分钟简单说说，但如果是在微信或者其他沟通软件上提问，我相信大部分人不会回复。因为在你看来，这个问题本来就不应该问出来，即使是要提问，也不应该在明知道你很忙的时候提问。对他来说可能只是一个问题，但对你而言，他不仅打断你的工作，还影响了你的工作节奏。如果此类现象经常发生，那么你对这个人的印象一定不会太好。

通过角色的切换，我们可以发现请教式提问有以下几个原则。

原则一：先思考，再提问

提出一个问题前，首先思考下这个问题我们自己能不能找到答案，或者对于这个问题，你的看法是什么。很多问题，其实通过我们自身都是可以解决的。“伸手党”往往不招人喜欢，原因就在于他们总将问题的答案寄托在别人身上，自己从来不去思考是否有独立解决问题的可能性，或者提问时在抛出一个问题之后就等待他人的回答。在职场中，没有谁有义务帮你解决某个问题，甚至他人不告诉你答案都是理所应当的。帮你是情分，不帮你是本分，要想让提问有质量，首先杜绝做“伸手党”。

原则二：在他人方便时提问

每个人都有自己的工作职责，你的每次提问都在占用他人的时间。如同我们在工作过程中也不希望被他人频繁打断一样。向他人提问时，我们要考虑到这个提问是否对他当下的工作造成了干扰，当你的提问需要比较长时间的回复交流时尤为重要。从另一个角度来说，在时间比较充裕的情况下，对方更容易给出系统性的回复；而在时间不充裕的情况下，对方的回复只能蜻蜓点水、一带而过，也影响着我们获取到的答案的质量。既然是请教，那么在提问过程中，方便他人远比方便自身更重要。

原则三：提问有价值的问题

在请教提问的过程中，我们要提问有价值的问题。以求职面试中的场景为例，我们看下什么样的问题才是有价值的问题。

第一点是不要提问我们自己能够找到答案的问题。很多问题不一定非要通过提问才能获取答案，比如面试的这个企业成立了多长时间，这个问题通常在企业官网上都有介绍，或者是查找下网络上的资料就能得到答案。在网络高度发达的今天，我们获取信息的来源渠道已经非常多元与便捷，提问此类问题要么是动手能力差，要么是主动性不足。

职场中同样如此，比如你问上级 Excel 中的 sumif 函数如何使用，这是一个非常简单的操作，即使你不懂，通过百度搜索也能立即得到答案。通过第一个原则中提到的先思考再提问原则，我们就能得出这个问题是否有提问的价值。

第二点是不要提问与我们身份不相符的问题。比如你应聘的是培训生岗位，你问面试官企业的发展战略是什么，这就是一个与你身份不相符的问题。企业战略不是你应该关心的事情，这类问题往往让面试官感觉你好高骛远、不够踏实。马云曾说员工进入公司前三年谁和他谈战略就开除谁。对于一个职场新人而言，第一件事情应该思考如何做好岗位的工作。你是一个踏实的人还是浮躁的人，在你的提问中可见一斑。

职场中的提问与求职面试提问类似，同样需要在避开这两个误区的基础上提出有价值的问题。判断一个问题是否有提问的价值，首先看提问的必要性，这个疑问是否必须通过向他人提问方能得到解决？是否存在独立思考或者独立探索就能找到答案的可能？只要存在这个空间，那么直接提问就不是一个最佳的问题解决方案选项。

其次是通过这个提问获取到的答案，能否帮助自己得到能力的提升、工作的推动。在职场正式交流中，不适合提问一些与工作无关的问题，这类问题适合在轻松的聊天交流环境下进行。

另外一点，看这个问题在你的提问对象上是否能够得到有质量的答案。如果这三个问题的答案都是肯定的，就可以大胆提问。

原则四：不要问重复的问题

一个有价值的问题第一次问，别人会认为你勤学好问；第二次问，别人可能认为你是在巩固认知；第三次问，别人只会认为前两次你都没听进去，学习能力太差。

每次提问在得到答案后，我们需要做的事情是对答案内容进行梳理巩固，内化成自身的知识技能。我们可以就一个问题进行多次咨询，但在咨询的角度、深度上应该是不一样的，否则意味着在之前的交流中你没有收获与积累，而你的提问，价值也极其有限。

原则五：得到答案后给予反馈

在得到对方提供的答案后，说出你的理解并确认理解是否正确，同时表示感谢。如同我们上面所说的，职场中没有谁有教你的义务，你的请教对象也存在被他人肯定的需要。在对方告知答案之后给出反馈，一方面能够帮助我们确认对答案的理解是否与对方表达的内容一致，并加深认知；另一方面也能满足对方被肯定的需要，建立良好的互动关系。

以上是请教式提问中的行为逻辑。我们再来看下请教提问表达中的语言逻辑。

在做求职咨询过程中，我很害怕遇到诸如“个人简历怎么写”这类型的提问。回答的时候，我只能把我们写的一系列关于简历撰写方法的文章链接发给提问者，让他自己看。

不是不想回答，而是没法回答。

求职简历的写法，我们前后写了十几篇文章。上万字的内容才能说清楚的一件事情，能指望通过别人的三言两语就让你掌握相关的技巧方法吗？

不可能的。

正如现在讨论的职场沟通，如果你的问题是“如何做好职场表达”，我只能让你先看看书了解下方法；但如果你的问题是“我在与领导交流时容易紧张应该怎么办”，问题的答案就不一样了。

提问的语言逻辑第一个要点，不要问太宽泛的问题，要问精确的问题。只有问题是精确的，答案才可能是精确的，否则也只能同问题一样泛泛而谈。

还有一类提问难以回答，比如下面这段提问：

2014 年普通二本信息管理专业毕业，考了会计证后没有从事会计。每年考一次省考公务员就待业 2—3 个月。2017 年拿的会计初级证，同时报了网上实操班，做过半年财务，但只是简单做账，没多少实战经验。今年 1 月辞职，3 月找了一个月工作没找好，就准备 4 月省考，6 月面试没过，9 月考完会计中级，10 月注会会计经济法考试。10 月面试过 1 次，感觉招聘网站上面的公司写的待遇和实际的完全不一样。不知道哪些公司的招聘信息值得信任、值得投简历。自己比较内向，说话没自信，表达不出优势，很灰心。有努力想学很多面试技巧，但发挥不好。

这是一个用户在公众号上给我们的留言，从字眼间我能充分感受到他的迷茫与困惑，但回答时却很难下手，因为不确定他希望解决什么问题。

是考公务员和求职两条路应该如何选择？还是如何筛选出合适的目标岗位？还是如何让自己的表达更自信？又或者是如何调整自己当下的心态？感觉这些都是他想得到的答案，但这一连串的问题，哪些是他最想了解的？哪些只是对他自己当前情况的介绍？我们无从断定，自然也没办法做到针对性的解答。

好在交流是一个双向互动的过程。在和这位同学的后续沟通中，针对他的情况，通过提问与确认，我们列出了当下需要解决的一系列问题并逐个交流，帮助他在迷茫中找到了一个方向。但从提问本身来说，这段提问很难说是一个高质量的提问。

质量不高的原因在于他的问题不明确，需要通过两三次的交流才能确定问题，无疑增加了沟通时间成本，降低了沟通效率。

这是我们在提问的语言逻辑中第二个要点：问题明确，不问含糊性的问题。

要想让提问的问题明确，首先要梳理出提问的内容是什么，并在提问开头就直截了当说明问题内容。我们将上面这段提问的内容做个整理，可以将内容分成以下几个模块：

问题内容1：考公务员与求职两条路应该如何选择？

问题背景：2014年普通二本信息管理专业毕业，毕业后每年参加一次省考公务员考试，考试后都处于待业状态。2017年拿到会计初级证并报了网上实操班自学会计工作技能。做过半年财务工作，但只是简单做账，没多少实战经验。2018年1月辞职，在求职结果不理想的情况下参加4月省考，但面试未通过。9月到10月分别参加会计中级与注会会计经济法考试。其间面试过1次，但失败了。

问题内容2：个人性格比较内向、不自信，面试时表达不出优势，导致经常失败。应该如何改进？

问题背景：2014年普通二本信息管理专业毕业，长期在准备省公务员考试，期间有过半年的财务岗位工作经验，从事简单的做账工作。2018 年 4 月省考失败后重新开始求职，在面试环节表现不好，均未通过。

问题内容 3：如何在众多招聘信息中筛选出适合且信息真实的岗位？

问题背景：看了很多招聘信息，发现公司在招聘网站上写的待遇和实际的完全不一样，不知道哪些公司的招聘信息值得信任、值得投递简历。

当我们把前面这段内容拆分成这三个问题时，问题明确了，回答者自然也能够给出有针对性的答案。如同分析如何进行工作汇报时提到的"结论先行"原则，在提问的对话开始就直截了当地提出问题，再结合问题来说明问题的背景，从而让对方知晓这个问题产生的原因。

问题背景的介绍要有相关性，删除不必要的内容，比如在上述几个问题中，如果想请教如何在招聘信息中筛选出信息真实的岗位，那么介绍自己过去几年的经历就意义不大。

结合请教式提问的行为逻辑与语言逻辑，可以形成以下话术：

（1）咨询是否方便交流："我有一个问题想咨询你，耽误您 10 分钟左右的时间，不知是否方便？"

（2）直截了当地提出问题："我的性格比较内向、不自信，表达不出自身的优势，参加过几次面试，但都失败了。怎样才能让自己在面试时表达出自身的优势呢？”

（3）说明问题的背景：“我2014年普通二本信息管理专业毕业，2017年拿到会计初级证并报了网上实操班自学会计工作技能，做过半年财务工作。今年还参加了会计中级与注会会计经济法考试。目前的求职方向是会计岗位。”

（4）介绍自己对问题的思考：“我看了一些面试技巧的文章，对于这个情况，我认为需要结合应聘岗位的具体工作要求来说明自身情况，这个方向是否是正确呢？如果是这样，那么如何做到结合岗位要求来介绍自己？”

（5）交流结束后表示感谢：“谢谢你的分享，对我的帮助很大，特别感谢！”

如果在每次职场请教提问中，都能将这五个部分内容说明清楚，不仅能得到想要的答案，还能在请教的对象面前为你自己建立起积极思考、积极提问的良好形象。

掌握主导权，非请教式提问的沟通方法

再切换下角色，现在不是你向他人请教，而是作为一个部门主管回答员工的提问，或者希望通过提问了解工作的进展情况，此时你又该如何提问？

以下有三种提问方式可以选择。

1. 开放式提问

开放式提问好比我们考试时做的填空题，在空白处填写什么答案是我们自己决定的。不限制答案范围，可以充分发挥思想空间，比如以下问题：

“我们晚上吃什么？”

“你觉得哪些方法能够提高我们的工作效率？”

“为什么周末大家都休息了，你还选择在公司加班呢？”

作为回答的一方，在回答开放式问题时，因为没有预先设置好的回答框架，能够更自由地发挥，跳出内容框架的限制来回答问题。同时开放式提问营造了一个轻松的环境，对于提问者而言，也能更好地了解到回答者的真实想法，有利于展开更深度的交流。这种提问方式最经常应用于需要发挥团队集体智慧进行讨论的方案制订、计划整理等事项的推进上，能够充分发挥团队的力量，从而尽可能地完善方案内容。

开放式提问是一种将表达的话语权交给回答者的行为，虽然它能够最大程度上引导回答者进行发散性思考、交流，但也意味着回答的内容方向可能与预期的出现偏差。当这种情况出现时，就需要进行纠正调整，这时就会降低沟通的效率。

2. 封闭式提问

与开放式提问相反，封闭式提问就是在做选择题，让问题的回答者在几个固定的选项中进行选择。因为有明确的选项，回答者的发挥空间会受到一定限制。但好处在于，封闭式提问能够极大程度上提高沟通效率，比如以下问题：

“晚上我们吃火锅还是烧烤？”

“你觉得每天开始工作前先制订当日工作计划是否能提高工作效率？”

“周末大家都休息了，你还来公司加班，是因为任务太重了吗？”

从回答者的角度来说，只需要从问题的选项中做出一个选择，相应，所需要的思考时间不用太长，只需要为这个选项找到依据即可。当对方缺乏清晰的思路时，通过封闭式提问能够推进问题的分析。

封闭式提问是将表达的话语权握在自己手上的行为。从回答者的角度来说，因为是从问题选项中进行选择，相较开放式提问而言，沟通环境并没有那么轻松。在信息确认、交流内容总结等场景下比较适用。

3. 追问式提问

每个人对于他自己提出来的问题，或多或少都会有一些思考和答案，只不过是在提问时没有说出来。我们在回答他人的请教时，需要做的不一定是告诉对方问题的答案是什么，而是通过一系列提问与引导，帮助对方找到答案。这一系列的提问中，包含了封闭式提问与开放式提问的组合，形成了追问式提问，通过层层递进的方式得出问题答案或者获取到目标信息。

举个例子，假设你经营着一家服装店，最近店里营业额一直下滑。针对这个情况，负责门店管理的店长与你进行了一次交流。

咨询问题："最近店里业绩一直在下滑，你有什么好办法能提升业绩呢？"

回答："为什么业绩下滑？"（隔壁新开了一家服装店，客户都被吸引过去了）

追问1："为什么客户都被吸引过去了？他们的吸引点在哪里？"（他们的服装比较新潮时尚，对年轻人更有吸引力）

追问2："为什么我们店铺的服装就不那么新潮时尚呢？"（上新的速度太慢了）

追问3："如何才能让我们的服装更有吸引力？"（快速上新，结合流行趋势增加服装款式）

追问4："除了上新品外，你认为还有其他方式有助于提升业绩吗？"（通过开展一些营销活动，能够提升客流量）

追问5："如果要做营销活动的话，你认为做什么类型的活动比较合适？"

在上面对话过程中，从头到尾你没有告知对方一个具体应该怎么做的方案，但通过一系列的追问，店长自己对于接下来店铺的运营应该如何进行也有了大致方向，这就是追问引导带来的效果。对于提问者自己提出的解决方案，在落地执行过程中也更高效，有助于提高员工的积极性与行动力。同时你的追问过程也是帮助员工梳理问题、分析思路的过程，是对他的一种思维能力训练。在向下管理过程中，我们可以结合提问内容及工作事项，多采用追问的方式展开交流，而不是一味地进行方法与经验的输出，引导思考比告知答案更为重要，能够培养员工独立思考、独立解决问题的能力。

在一系列问题的追问过程中，对于提问的问题方向，我们可以采取"苏格拉底式提问"的方式来逐步展开。"苏格拉底式提问"的内容以下有几个方向：

- 分析问题本身："是什么？"
- 往前追溯产生原因："为什么？"
- 往后分析解决方案："所以呢？"
- 往两边拓展思考空间："还有别的可能吗？"

在工作过程中，对于绝大多数问题的分析方法可以通过这四个问题来展开讨论。比如员工跟你说这个月业绩指标达成有点困难，你的提问方式可以是这样的：

- 确认问题："这个月的业绩目标是多少？"
- 追溯原因："什么原因导致业绩完成有难度？"
- 寻找方案："针对这个原因，你有思考过什么解决方案吗？"
- 拓展空间："除了这个方法外，还有其他方式能够促进业绩的提升吗？"

追问式提问同样适用于在向他人请教前进行自我思考的过程，即使认为答案已经完整的情况下继续问自己几次“为什么”，通过苏格拉底式提问的思路拓展我们的思考空间，这样，可能我们对解决问题的方向也就更加清晰，向他人请教时能够给出的个人思考内容也更为完整。

提问不仅是职场沟通交流中的工具与方法，更是一种帮助自我提升的有效路径。时刻保持对自己进行提问的习惯，才能提醒我们去探索更多未知的边界。孔子说“吾日三省吾身”，这就是一个不断自我提问的过程，在提问中发现问题、寻找问题的答案、明确下一步的道路。有提问才能有思考，通过思考才能推动我们往前探索，不断改变自我、提升自我。

》 第三节

任务传递：目标达成前的心理战

读懂沟通中的漏斗效应

有一个关于和程序员沟通的段子特别有意思，内容是这样的：

妻子给当程序员的丈夫打电话："下班回家路上，你经过水果店时买些苹果，看到西瓜就买一个。"当晚程序员拿着一个苹果到家，妻子怒斥："你怎么就买一个苹果？"丈夫说："因为看到西瓜了。"

虽然段子有点夸张，但在这段对话中，我们却可以看到任务下达与接受的常见问题点。妻子觉得自己说得很清楚，买苹果和买西瓜是两件并行的事情，但在程序员的语言理解中，这是一段"if"程序语言，所以自然也认为自己对任务的执行没有问题。

同样一段信息，在不同人看来可能会有截然不同的理解。管理学中有一个著名的沟通漏斗，指的是信息在传递过程中逐渐减少的现象。沟通漏斗的模型如下：

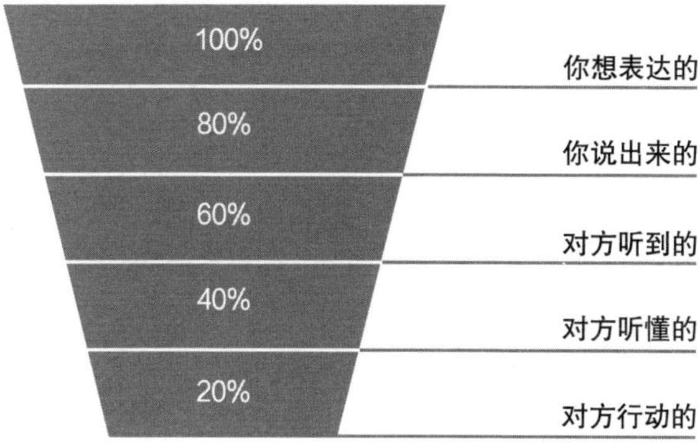

沟通漏斗真实地体现了人与人交流时客观存在的障碍，信息量越大，这一效应越明显。如同上面例子中，妻子想表达的是“同时买苹果和西瓜”，但说出来的时候变成了“买苹果，如果有西瓜也买西瓜”，程序员听到的是“买苹果”，理解的是“根据是否有西瓜决定买多少苹果”，最后在水果店进行购买时的行动是“买一个苹果”。

我们经常听到一些管理者的抱怨，觉得很多任务已经说得很清楚了，但员工的执行结果总是不理想，工作过程中有问题也不反馈，说了一堆后得出结论：现在的员工执行力不行。

不一定，员工的执行力可能有问题，但不能忽略了在任务下达与接受过程中的沟通问题。下达任务时信息不明确，接受任务时信息未确认，这是导致执行过程中与预期目标出现差距的重要原因。

从程序员买水果的例子继续分析，我们会发现在信息传递过程中有很多要点没有明确。比如苹果要买多少，一斤还是两斤；买什么品种的苹果，红富士还是青苹果；对苹果的口感有什么要求，比较脆的还是比较绵的；苹果的用途是什么，自家吃还是送人；对包装是否有要求等。

在日常生活中，我们当然不能要求事事都细化到这个程度，但如果是一项工作任务的下发，要确保执行结果与预期目标相一致，就需要将信息明确。这个过程中涉及任务发布者与接收者双方的沟通方法。围绕这两个角色，我们来分别看下在任务接受与下达沟通过程中有哪些注意事项。

主动确认细节，接受任务也有逻辑

军人是以服从命令为天职，而作为下属，核心的职责就是将上级安排的各项工作任务保质保量地完成。所以在接受任务时，只有一个原则——接受任务并执行任务，不推卸、不拒绝。在接受任务的过程中，首先需要明确任务的要求是什么，进而制订任务的执行计划。根据接收到的任务信息完整度与难度差异，在沟通过程中，交流内容的侧重点也不同。

1. 任务信息不具体时，主动确认任务要求

小 A 是某公司的总经理助理，领导给小 A 布置了一个任务："小 A，你整理一份上个月公司的销售情况报表给我。"小 A 立马答应了，打开电脑开始下载数据。这时问题来了，数据指标有几十个，报表中需要哪些数据呢？是按月整理数据，还是按周整理数据？几个销售部门的数据需要分开列出吗？不同的产品类别是否也要进行区分？

"刚刚领导也没有说报表的要求是什么呀，要不我把所有的指标按分部门、分周、分产品的方式整理出来吧，这样报表中的数据足够完整了，领导想要啥都可以找到对应的信息，还能说明我做事很细心，且提供的材料很全面呢。"小 A 心想。

小 A 自信地提交了一份数据量大、密密麻麻的报表给领导，等着领导的表扬："嗯，你这个数据整理得很全面，做得非常好。"

不好意思，现实情况是不仅得不到表扬，而且大概率情况下还会被要求重新整理报表。你得到的可能是"我要的数据不是这样的，只要销售结果就行了，你整这么多过程进来干吗？一份简单的报表被你整得这么臃肿""你这个报表的数据展示逻辑不对，销售过程中每个漏斗层级的数据要按序排列，这样一堆数据毫无逻辑地整在一块，我怎么看"等这样那样的反馈。

而小 A 只能默默在心里想"你自己也没有把报表的要求说清楚啊，我辛辛苦苦整理了一堆数据，却被批得一无是处"，然后重新开始整理报表。

很多职场剧中的场景都是领导提了一个要求，员工马上答应下来并且快速完成任务，结果远远超出领导的预期，并获得领导的高度赞誉。这些电视剧的编剧估计没有接触过职场，完全不了解职场的真实情况。

“整理一份上个月的销售情况报表”这个任务，本身是不明确的，这固然与领导下达任务的水平有关系，但小 A 在接受任务的过程中也没有进一步明确任务的要求，双方在沟通过程中都存在问题。我们不能寄希望于每次领导下达的任务都完整具体，当任务信息不具体时，就需要在沟通中与上级确认任务的具体要求。

从上述例子来说，当我们接受制作报表的任务时，需要确认的信息就包含前面提到的报表中应该包含哪些指标、报表的时间单位是什么、多部门的数据是否分拆、不同产品线的数据是否合并、报表需要什么时候给出等。只有当这些信息明确时，我们输出的结果才能与上级的预期相一致。

既然有这么多问题需要确认，小 A 开始积极提问：“领导，报表中需要包含哪些指标呢？以周为单位还是整月数据汇总在一起就行？各个部门的数据是单独列出来还是合并……”

领导露出不耐烦的表情，“这么简单的事情，你怎么就不能自己想想，什么事情都要我跟你说得明明白白，凡事你要多动脑子，不能什么问题都等着别人给答案。”

小 A 心里很委屈，明明是出于认真负责，想把需求弄清楚，怎么自己就变成了领导口中的“凡事不动脑子”了。

上面的对话中，领导的沟通方式当然不对，下达任务时将任务说清楚本就是理所应当的事情，但谁也无法保证自己不会遇到一些沟通方式不太科学的领导。要想避免前面的对话场景发生，需要记住一点：咨询问题时提供解决方案，尽量让领导做选择题而不是填空题。

这一点我们在分析请教式提问的章节中已经介绍过。采用这种方式，小 A 可以将表达内容改成这样：

领导："小 A，你整理一份上个月公司的销售情况报表给我。"

小 A："好的，那我将上个月不同产品线的销售量和销售金额两个指标按照分周、分部门的形式整理出来，您看有问题不？还需要补充其他销售指标吗？"

当你提出解决的基本方案后，领导就可以进行补充了，"把销售额的环比增长情况也整理出来，部门就不用分开了；另外，你再把上月环比增长前三的产品和环比下降前三的产品标出来，根据环比情况，我们需要制定这个月的产品销售策略。"

好了，到目前为止，我们就得到了一个明确的任务要求，上级希望在这个报表中看到什么内容、报表应该以什么样的形式呈现等问题都得到解决，确保任务完成的结果与领导预期目标相一致，同时也向领导展示了你主动思考并提供解决方案的个人形象。

2. 任务信息具体完整时，确认并反馈执行计划

并不是所有领导在下达任务时都不具体明确，同样是前面要求提供销售情况报表的例子，我们看下在信息具体完整的情况下应该如何进行交流。

领导：“小 A，我们需要制定这个月的产品销售政策。你把上个月的销售报表整理一份给我。内容包含不同产品线的销售量、销售额以及环比情况，以周为单位并且将环比增长前三的产品和环比下降前三的产品标注出来。今天下午三点前发给我。”

小 A：“好的，我这就去整理。”

看似没有什么问题，但沟通结束后领导心里会想：小 A 听懂我的要求没有，我要看到的指标内容、报表形式，他都理解了吗？

不是领导多疑，根据沟通漏斗模型，我们接收到的信息与对方表达的信息会有偏差，这是很常见的一种现象。所以当领导布置的任务已经是具体完整时，并不代表就可以直接开始着手执行，这种情况下，需要确认任务内容并反馈执行计划，尽可能减少信息在传递过程中的流失。向领导传递一个信息：我充分了解你提的要求，并且会根据要求来办。这样才能让领导做到心里有数。

基于这种情况，我们在接收到信息的时候可以采用如下话术：

好的。我确认下，报表是以周为单位，将上个月不同产品线的销售量、销售额以及环比情况数据整理出来，并将增长前三和下降前三的产品做好标注。下午三点前给您，没错吧。

如果你是领导，当听到下属对任务的描述时，相信此时你能够明确他已经掌握你的任务要求，也就不会对输出的报表是否与你要求的相一致心存疑问。

3. 存在影响目标达成的因素时，向上级说明并申请支持

在接受任务时，我们可能会遇到一些超出自身能力范围或者与其他紧急且重要的事情形成冲突的任务，比如领导上午刚要求小 A 整理一下上个月的营销活动总结报告，要求在下午三点前完成，此时又要求他整理销售报表。在三点前同时完成两个任务的难度比较大，可能无法在规定时间内完成。领导在下达任务时，小 A 是这么沟通的：

领导："小 A，上个月的产品销售情况报表要在今天下午三点前发给我。"

小 A："好的，我这会还在做您上午提到的上个月的营销活动总结报告。销售报表，我会尽快做好给您。"

此时小 A 用的词语是"尽快做好"，但他心里知道要在三点前同时完成这两项工作的可能性不大，却没有及时反馈。

接受任务时不推卸、不拒绝，是我们接受任务时的态度，但更关键的是我们接受了任务之后有把握输出预期的结果。如果任务的难度超出能力范围，在完成目标存在困难时，盲目接受任务反而是一种不负责任的行为，任何我们可预期的对于目标达成构成影响的因素都应该及时反馈，申请相应的支持，并推进任务目标的准时达成。

比如以下三种情况：

（1）任务的难度超出自身能力范围：完成任务所需要的知识、技能、资源与当下自身所具备的有差距，无法完成任务目标或者完成质量可能低于预期。

（2）任务与当前工作形成冲突：在有限的时间内只能完成其中一项工作，而当前的工作也重要且紧急，接受任务后势必会对当前工作造成影响。

（3）任务所需时间长于截止时间：完成预期目标所需要的时间，比任务下达时提供的时间要长，无法在截止时间点前完成。

除了这几种情况外，还有其他情况可能对预期目标的达成造成影响，在接受任务后需要第一时间反馈存在的困难，并提出需要的支持内容或者替代性的解决方案。但前提是建立在你在面临任务时的态度是愿意接受的。在反馈困难时，首先表明态度，其次说明困难所在并提供解决方案。比如小A可以这样和领导交流：

好的。不过上午您提到的上个月的营销活动总结报告还没写完，预计还要两个小时的时间，这样的话可能就来不及在三点前整理好数据报表给您了。领导您看，报表我迟半个小时，即三点半前给您，来得及不？

这段话传递了三个信息：首先，我是愿意接受这项任务的；其次，这项任务与我当下的任务形成了冲突，无法同时完成；最后，如果时间延后半个小时，我就能完成，希望调整完成时间。如此，既表明了态度，又传递了目前的困难，领导在获取信息后自然会根据你当下的情况提供解决方案。

4. 跨部门跨级任务下发时，反馈给直属领导

在职场工作中，还有可能遇到跨级或者跨部门领导给你下发任务的情况，比如跨部门的工作需要你提供一些支持。这些任务有的本不属于你的岗位职责范围，或者是对你自身的工作形成干扰。答应吧，影响自身的工作开展；不答应吧，影响同事间的交际和感情。处理不当的话，甚至可能两边同时受影响。

帮助他人、相互支持，在职场上是应该的，但并不代表我们应该做个“好好先生”，什么活都接。在职场中，我们只对两个人负责：第一个是我们自己，第二个是我们的直属上级。

面对跨部门和跨级传达的任务，可以采取以下两种应对方式：

(1)跨级任务：如果向你下达任务的人是你直属上级的上级，你需要做的是接受任务，然后告知你的直属上级。在这个过程中，首先没有拒绝的理由，因为你拒绝了之后，他会通过你的上级来安排这个任务，到时你依然要接受。但在接受任务后，应该让你的直属上级知晓这件事情，否则他就有可能认为你是在越过他，与更高级的领导沟通汇报工作。越级汇报是职场中的大忌，是我们要注意避免的。

（2）跨部门任务：通常情况下，如果有跨部门的协作配合等需求，都会通过部门直属领导进行沟通确认，但如果有不经直属领导而将任务直接下达到你身上，你可以采取的方式是不拒绝，也不答应，让对方与你的直属领导进行沟通后再行确认。

记住，我们只要向直属上级负责，不包含跨部门人员。哪怕职务比你高出许多，他们也没有直接命令你的权力。此类情景下的沟通话术相对简单，你可以直接说“这件事情，你需要与我们部门主管沟通下才能确认”。这样就将压力转移到了对方身上。对我们而言，不要超出自己的岗位职责范围做决策。

完整下达任务，让对方清楚你的思路

既然在接受任务时需要将任务信息确认清楚再执行，那么当我们作为上级给他人下达任务时，就有义务做到传递的信息完整具体，避免下达诸如前面提到的“整理一份上个月销售情况报表”此类不具体的要求。

只有布置的任务做到完整具体，才能保证执行时达到预期的结果。下达任务的水平影响着员工的执行质量和效率，这是作为管理者必须具备的认识。

1. 任务下达时的原则

要让下达的任务更合理，在下达任务时可以参考一个工具——SMART 原则。

（1）S（Specific），明确的：要用具体语言清楚地说明要达成的行为标准。生活中的很多对话，我们往往习惯使用没有统一标准的词汇，比如父母对小孩说“你要努力学习”。“努力”这个词没有统一标准，可能我们认为的努力在部分人看来只是基础要求。

一旦在下达任务过程中使用无统一标准的词汇去表达任务内容，那么接受任务的人只能根据自身的认识标准来理解任务要求。当双方的标准一致时没问题，倘若双方标准存在差异，那么必然导致执行结果与预期目标存在差异。

常见的无统一标准词汇如“尽快”“一些”等，此类词汇从不同人的角度看来都会形成不同的认知，如“每天学习的时间不得少于 2 小时”就比“你要努力学习，多做功课”来得具体。

（2）M（Measurable），可衡量的：必须要有明确的指标或结果要求可作为标准来衡量任务目标是否达成。我们在电影中经常会看到上级在下任务时经常加一句：“这件事情一定要办好！”这个“好”的标准是什么？如果不加以说明，那么就无从评价任务执行结果质量如何。

要想让任务目标可衡量，有两种方式。一种是将结果指标量化，用数据信息来呈现，比如将“提高客户满意度”这个目标转化成“客户投诉率降至1%”，这样我们就可以通过客户投诉率的值来衡量目标是否达成。

另一种是将结果场景化，比如将“提高业务能力”这个目标转化成“能清晰地介绍产品知识并解答客户相关提问”。通过数据化与场景化两种方式建立任务的完成质量衡量指标，进一步明确任务要求。

（3）A（Attainable），可实现的：下达的任务对于执行者而言必须是可实现的。可实现，不代表没难度。比如正常情况下，我跑一公里需要五分钟，如果任务目标是要求我跑进四分半钟内，虽然有难度，但有机会做到。但如果目标是让我立即跑进三分半钟内，这是绝无可能的一件事。

每个人在接受任务时，都会对任务的难度进行评估。适当的难度与压力能够激发内心的斗志，争取向目标靠拢。但若接受者认为任务难度超过个人能力范围，可能出现消极对待任务的情况。

“反正任务也完不成，何必那么拼命呢？”这是大多数人在面临高难度任务时会产生的想法，这种想法固然不可取，但如果能在下达任务前对任务难度进行充分评估与调整，那么自然也可以避免此类现象的发生。

（4）R（Relevant），有相关性的：任务内容与接受者的岗位职责、能力特点等具有相关性。我们不会向行政部门下达销售任务，因为这与行政部门的工作职责不相关。岗位职责界定的任务，我们很容易区分，但有一些任务并没有明确的岗位职责界定，这种情况下，我们就需要根据不同人员的能力特点来决定将任务交由谁来执行。

如同一支军队中，有人适合当参谋，出谋划策；有人适合当先锋，攻城拔寨；有人适合管后勤，保障粮草。只有当下达的任务与其具备的能力相匹配时，任务才能得到最有效的执行。

（5）T（Time-based），有时间期限的：任务的完成进度及截止时间有明确的时间节点要求。过程中什么时间点需要反馈、什么时间需要完成等，明确的时间节点有利于员工明确任务的轻重缓急，制订该任务的执行计划。

无论是单一任务的下达，还是工作中制定员工的绩效目标，都应该围绕 SMART 原则进行评估。当任务同时满足以上五个条件时，方能保证任务得到高效的执行。任务目标的制定也是管理者管理能力及水平的重要体现。

2. 任务下达时的沟通步骤

根据 SMART 原则制定任务内容及目标后，向下传递的过程中，我们依然要重视内容的表达及沟通方式。因为沟通漏斗的存在，即使我们对任务的制定和目标的拆解已经足够明确，但依然存在员工对于任务理解有偏差的情况。如同在接受任务时需要将任务不断地明确一样，在下达任务的过程中，我们同样需要引导员工明确任务内容。

日本企业中广泛应用一种“五步工作部署法”来进行任务的

下达沟通，这个方法由以下五个步骤组成：

（1）讲清楚具体事项。

（2）让员工复述事项内容。

（3）和员工讨论该事项的目的。

（4）交流并做出该事项的预案。

（5）让员工围绕该任务说明自身观点。

这种任务下达的方法与我们进行工作部署时的沟通形成了巨大的反差。大多数初级管理者经过学习后能够做到第一步，也就是如何把任务说清楚，包含了前文提到的SMART原则的应用。但大多数人也仅限于此，传统的沟通习惯让我们特别喜欢“聪明”的员工，“一听就懂、一学就会”，这是我们对员工的高度评价，甚至在很多管理者的表达中会有“不要让我再说第二遍”“你看着办，你办事、我放心”此类语言，听起来感觉是给了员工极大的授权空间，但实际上，在执行过程中的具体方法却鲜有提及。

因为这种用人习惯导致很多新人在遇到问题时不敢提问，因为提问会显得自己比较笨，“别人都懂了，就我不懂，还是不要提问好了。”于是接受任务后就自个琢磨，用自己的思维理解任务要求，这种情况下出现执行的偏差就成了一个大概率事件。

“五步工作部署法”的提出与应用，不是因为员工的理解能力差，而是很大程度上让员工与管理者形成同频的任务理解，减少信息在沟通漏斗中的流失。

“五步工作部署法”的具体应用如下：

（1）讲清楚具体事项：在任务目标满足 SMART 原则的基础上，将任务信息完整具体地传递给员工。

（2）让员工复述事项内容：让员工原封不动地复述一遍任务内容。大多数情况下，在这个环节会出现员工复述信息的缺失或偏差，此时应加以补充与纠正。

（3）和员工讨论该事项的目的：引导员工思考这项任务背后的原因是什么，让其理解任务的背景、目标与重要性。

（4）交流并做出该事项的预案：分析任务执行过程中可能遇到的问题有哪些，不同的问题发生时应如何应对。

（5）让员工围绕该任务说明自身观点：引导员工进行独立思考，拓展任务执行过程中的方式方法，尝试更多解决方案。

结合这五个步骤，在下达任务时可以形成以下对话过程：

领导：“小 A，你把上个月的销售报表整理一份给我。内容包含不同产品线的销售量、销售额以及环比情况，以周为单位，并且将环比增长前三的产品和环比下降前三的产品标注出来。今天下午三点前发给我。”

小 A：“好的，领导，我现在就整理数据。”

领导：“等会，你复述一遍我刚才的要求。”

小 A：“是以周为单位，整理出上个月不同产品线的销量与销售额数据及环比情况，并把环比增长前三和下降前三的产品标注出来给您，没错吧？”

领导：“没错，记得三点前一定要给我。”

小 A：“好的，那我现在去做。”

领导：“等下，你觉得我为什么要让你整理这份销售报表？”

小 A：“额，是想分析一下上个月不同产品的销售情况吗？”

领导：“公司要制定这个月的产品销售政策，需要上个月的销售数据作为依据。这份数据直接影响我们这个月销售政策的制定方向，所以数据务必要做好核对，确保准确无误。”

小 A：“好的，那我现在去整理数据。”

领导：“等下，三点前要给出数据报表，在这个时间点前完成，有什么问题吗？”

小 A：“我手上还在整理上个月的总结报告，时间有点紧。我计划先整理销售报表，等报表做好后再整理总结报告内容。”

领导：“行，你调整下手上的工作顺序。如果在报表整理过程中遇到其他问题，记得及时告诉我。”

小 A：“好的，那我现在可以去整理报表了吗？”

领导：“再等下，针对这项任务的要求，你觉得有什么可以补充的吗？”

小 A：“我们是不是可以把上个月各销售部门的数据也拆分开来，这样可以对每个团队的业绩情况做个分析对比。”

领导：“嗯，可以作为补充，你把分部门的数据也整理出来吧。”

小 A：“好的，那我现在就去整理数据了。”

经过这样一番对话，小 A 在执行时对于任务的理解、输出报表的要求会更加深入，也能确保执行结果与领导预期的一致性。

“五步工作部署法”能让任务信息的传递更为明确，但另一方面，所需要的沟通时间也相应延长，我们在具体沟通场景中，可以对每一步的事项要点进行整合或精简。

在“五步工作部署法”中，每一步沟通内容表达的目的是不一样的。任务事项的复述是为了明确员工对任务要求的理解与我们表达的信息一致；分析任务背景与目的是为了加深员工对任务重要程度的认识；执行过程中的预案讨论是为了在执行过程中遇到突发情况时能有效应对；员工自身观点说明是为了引导员工建立独立思考的能力。

“五步工作部署法”只是可以采用的沟通参考方式之一，灵活运用才能帮助我们高效开展工作，同时兼顾沟通的时间效率与信息的传递效果，将其内化为自身的思维方式与沟通技能才是我们学习这些方法时的核心事项。

》 第四节

批评：和气讲理，说话拿捏好分寸

对事不对人，批评行为的核心

批评是一种对错误和问题提出意见的行为，它的聚焦点应该在“错误”或者“问题”上。与批判、指责、抱怨等词汇不同，批评是一个中性词，不含贬义色彩。我们经常会看到很多类似批评的行为，但大多数并不能称为真正的批评。

批评与责骂的区别在于两者目的是不同的。责骂是图个心里爽，而批评则是为了让对方意识到错误所在并加以纠正。从目标达成的情况上来说，要对一次批评的效果质量进行评估，取决于批评之后对方是否真正意识到自身的错误并在后续的行动中加以改正。如果这个目标没有达成，就不能称为一次高质量的批评。

批评只是一种手段而非目的，如何让对方认同问题所在并改正问题才是我们在批评过程中应该关注的核心点。

要促进批评的目标达成，如同前文提到的批评中的关注点应该是“错误”本身，也就是我们经常说的“对事不对人”。针对同样的问题，两种表达方式给人的感受也是截然不同的，比如下面两句话：

表达方式1：“你是怎么搞的，这么没有时间观念，天天迟到，以后不要给我再迟到了。”

表达方式2：“这个月你已经迟到5次，对个人绩效考评与部门同事的影响都不好。没有特殊情况的话，以后不要再迟到了。”

前者的语言中带有强烈的个人情绪，比如“怎么”“这么”“天天”这些词汇，传递的是对个人的评价判断，容易激发信息接收者的排斥心理。员工内心的潜台词可能是“我就迟到了5次，哪有天天迟到”“每项任务我都准时完成，凭什么说我没时间观念”等。虽然他不会说出来，但内心对你所表述的内容未必认同，自然在改正错误的意识上也不会有太大的变化。

后者传递的信息中，“迟到5次”是对错误行为的客观描述，“个人绩效考评与部门同事的影响”是对这个错误导致的结果分析，“没有特殊情况，不要再迟到”是对员工改正方向的要求与提示。

这种表达方式更容易被对方接受与认同。

“对事不对人”是我们在进行批评时的核心关键点，但并不代表在任何情况下使用这种方式进行批评都能有效要想让批评目标顺利达成，将效果最大化，还需要注意以下几项要点。

1. 批评前应了解完整信息

有时，我们看到的现象及问题未必是全部信息，在没有完整了解事情的来龙去脉前，不要轻易下结论。

《吕氏春秋》中记录了孔子周游列国受困时的一段经历：

> 孔子穷乎陈、蔡之间，藜羹不斟，七日不尝粒，昼寝。颜回索米，得而爨之。几熟，孔子望见颜回攫其甑中而食之，孔子佯为不见之。少顷，食熟，谒孔子而进食，孔子起曰：“今者梦见先君，食洁而后馈。”
>
> 颜回对曰：“不可！向者煤炱乎甑中，弃食不祥，回攫而饭之。”
>
> 孔子叹曰：“所信者目也，而目犹不可信；所恃者心也，而心犹不足恃。弟子记之，知人固不易也！”

孔子在陈国和蔡国之间的地方受困，七天没有吃上米饭。颜回讨到米后回来煮饭。饭快熟时，孔子看见颜回用手抓锅里的饭吃。过一会儿，颜回请孔子吃饭，孔子假装没有看见这件事，自个说：“刚刚梦见我的先人，我自己先吃干净的饭，然后才给他们吃。”暗指颜回自个先吃了米饭这件事情，颜回回答说：“不能这样，刚刚炭灰飘进了锅里，弄脏了米饭。米饭丢掉又不好，我就抓来吃了。”

孔子叹息道：“按说应该相信眼睛看见的，但眼睛看到的也并不一定可信；应该相信自己的心，自己心中的判断也未必正确。要了解一个人不容易啊。”

在工作生活中，我们也会看到很多类似场景。2018 年，有一条很火的短视频，叫做《总有一些温暖，包裹着冷若冰霜的外表》，有兴趣的小伙伴可以搜索出来看一下。

视频讲述了几个故事：员工只看到主管对自己工作的严苛要求，却没看到主管在老板面前为其说情，争取机会；学生只看到老师偏心学习成绩好的同学，却没看到老师同样对其用心良苦；受害人看到律师为罪犯辩护，怒斥其为黑心律师，却不曾了解他也是在维护司法公正；餐饮店老板觉得流浪汉贪得无厌，却不知道他只是希望能够有多一点食物分给路边的流浪狗。

如同视频中提到的这些故事，倘若我们不去了解事情的完整面目而匆忙下结论，就可能误伤一些伙伴的心理。在批评员工之前，确认问题所在，梳理问题的来龙去脉，这样才能有正确的判断。

2. 批评并非纠正错误的第一选项，指导与提醒应先行

是不是所有的错误都要通过批评来纠正？其实未必，既然我们的目标是纠正错误，那么除了批评外，对他人的指导与提醒同样能使问题得到解决。指导、提醒、批评，这三种方式从心理感受上来说，带给人的压力是层层递增的，前者让人感到温暖与善意，比较重的批评则更容易让人感到惭愧与自责。比如员工在写邮件时经常存在格式上的错误，要让这个问题得到解决，我们可以看看下面用不同方式沟通的效果。

> 指导："我们发送的每一封邮件都代表我们的职场形象。我和你说下发送邮件的要求与注意事项，以后你都按照我说的标准来发邮件。"
>
> 提醒："最近发出来的邮件还存在格式上的错误，记得发送前多检查两遍，不要在同一个问题上重复犯错。"
>
> 批评："邮件的发送标准我已经跟你介绍过，并且你也说已经掌握了，但还是在同样的问题上重复犯错。这不是能力的问题，就是没有养成检查的习惯，这个小问题都改正不了，以后谁放心把大事交给你。再强调一次，邮件发出前必须做好检查工作！"

对于一个能够自我反省、纠正意识良好的人而言，通过指导或提醒就能达成目标，也给双方的沟通多一些温度。当指导与提醒已经不能解决问题时，可以采用比较严肃的方式进行批评。基于沟通对象、沟通问题的差异，我们可以选择不同的纠正方式。

3. 批评应具备及时性

心理学上有一个很有意思的现象：随着时间的推移、证据的流失，人对自己所犯错误的感知会变得越来越小，而对功劳的记忆正好相反，随着时间的推移会逐渐加强。所以大多数人回忆起过往经历时会说“我当年如何如何”，可能只是一个小成绩，也能成为向周围人吹嘘的资本；而对于过往的错误，往往轻描淡写或者忽视遗忘，例如今天犯了一个错误，感觉愧疚，明天醒来这种愧疚感还剩八分，半个月后只剩三分，一个月后可能彻底遗忘。

正是因为这种现象的存在，批评的最佳时机便是发生错误的当下或者短时间间隔内，至于应该当下立即开展批评还是间隔短时间内批评，可视具体场景而定。比如员工在公开场合出现错误，首先应该寻找解决方案以降低该错误的影响，后续再找合适的时间进行沟通。

4. 视批评的目标需要选择批评的场合

如果不是为了解决集体性的问题或者给团队予以警示，一般情况下，不要在公开场合批评他人，一对一的当面交流更能将问题讲透彻、说明白，更能让对方接受与纠正。即使是有必要在公开场合进行批评，也建议在此之前先做一次沟通，让对方有个心理准备，也更容易接受。毕竟每个人都看重“面子”，公开场合的批评就是将对方的错误公之于众的行为，其中涉及他人对犯错者的评价带来的心理压力增加，甚至引起对方的反抗，从而不愿意承认错误或承担责任，反而降低了批评的效果。

对员工的批评绝不是一件想当然的事情，当我们决定批评某人时，不妨先参照以上注意事项做好沟通内容及方式的准备。有质量的批评，其作用不仅在于帮助员工纠正错误，更在于拉近双方的情感距离。如果不加思考而草率进行，可能会适得其反。因此，宁可多花点时间进行前期准备，也不要凭一时气愤率性而为。

客观真诚，批评也有固定话术

根据批评的行为逻辑整理好内容后，要顺利达成一次批评的沟通目标，在与员工的交流中，我们同样可以采用一套固定结构来进行表达。一次完整的批评沟通过程中的内容要点可以分成以下五项。

1. 直截了当地提出问题

开门见山提出问题是什么，不遮掩、不铺垫。有时，一些管理者希望照顾员工的感受，批评之前习惯找一些事情铺垫过渡下，甚至先夸奖，然后再来个转折，才引出真正的内容。从批评的效果达成角度来看，这都不是一种好的方法。

既然决定要批评一个人，必然是因为他的问题或错误已经带来不好的影响，需要让对方有深刻的认识。而批评前的铺垫过渡往往让员工降低了对事项重要性的认知，产生“领导还是肯定我的，批评我只是个小问题”的想法，这对于问题重要性的认知建立是不利的。直截了当地提出问题，才能在沟通的开始就让对方正视问题。

2. 陈述事实，不要谈感受

事实是对问题现象的客观描述，不带个人或他人主观的评价。这就是我们在行为逻辑中提到的批评要“对事不对人”原则体现。对于事实的描述要具体，比如问题的现象是什么、有什么数据或结果体现，客观事实的描述是无法反驳的，一就是一，二就是二。

但很多时候，我们分不清事实与感受的边界，比如你对你的另一半说“今天做的菜不好吃”，你会认为这是客观事实，不是对他的个人评价。但在对方看来，可能你是在嫌弃她做的菜，进而发怒：“不好吃，你就不要吃。”

很多时候，情侣间的吵架都是一些鸡毛蒜皮的小事引起的，但如果我们在表达的时候换个角度说，如“今天的菜有点咸”“今天的菜炒得有点老”，相信引发冲突的可能性会小很多。我们认为的事实不一定就是事实，而是一种感受，这是需要区分的。

马东老师在《奇葩说》中讲过一个西方国家小孩从小就会玩的游戏，叫“事实还是观点”，即将一句话说出来后提问小孩这句话是事实还是观点。我们也可以用以下几句话来进行一次练习。

请问以下的话是事实还是观点：

今天天气很好。/ 今天阳光明媚，万里无云。

姚明是 NBA 顶级球员。/ 姚明进入了 NBA 名人堂。

小学生沉迷游戏，不利于成长。/ 小学生沉迷游戏，可能对学习造成影响。

上面三个问题中，同一内容，用不同的描述方式介绍何者为事实、何者为观点，对比之后不难得出结论。这个游戏是一种很好的思维训练方式，在分析与对比中能够让我们逐渐明晰事实与观点/感受的边界，真正做到批评时讲事实而非感受。

陈述事实，除了要做到厘清什么是事实外，信息传递中的情绪表达也需要引起注意。同样的一句话，用不同的语调、情绪表达出来，对于信息接收者而言感受是不一样的。比如当你在批评他人时如果用叹气的语调开场，那么对方可能感受到的是你的嫌弃与不耐烦。就像前文提到的，“今天的菜有点咸”跟“唉（叹气），今天的菜有点咸”，这是两种截然不同的情绪。而情绪本身就是在传递你的感受，即使你讲的内容再客观，对方的关注点也始终在你的情绪上。在批评中，我们可以表达生气、愤怒，但不要表达嫌弃、厌烦。批评的目标是纠正错误，而不是发泄情绪。

3. 让对方认识到问题的存在

批评内容对方接受与否，最大的障碍在于你所认为的问题在对方眼里看来是不是也是问题。倘若你所沟通的现象问题在对方看来完全不构成问题，那么所有的纠正都无济于事。只有在对方接受这个错误确实是个需要改正的问题后，才能展开后续的沟通。

我们可以通过引导对方进行换位思考的方式，让其重新审视自己的行为影响，进而通过对方的口说出错误行为的不良影响所在。比如员工的客户服务态度不是很好，那么在批评其服务态度前先让对方转换下身份：“如果你作为一个顾客，客服人员对你的服务态度不好，你会产生什么样的感受？”这样比单纯要求对方必须做好客户服务，效果好得多。

4. 分析问题不改进可能造成的后果

在认同问题存在的情况下，分析问题如果没有得到解决，在后续工作中可能造成的后果是什么。这个环节的交流是为了建立对方对问题重要性及影响程度的认知，从“是个问题”升级为“是个影响很大的问题”，建立纠正错误的必要性认知。对问题可能造成的后果进行分析，建议引导员工进行思考自行找到存在的影响有哪些。因为我们对自身提出的观点与结论会更为认同，进而形成更深刻的印象，比你告诉对方这个问题存在什么影响达成的效果要更好。

5. 共同找到解决的办法

既然批评的目标是为了纠正错误并解决问题，那么最终的沟通落脚点在如何解决问题上。员工可能因为自身能力水平与认知方法的局限，不一定能快速及时地找到解决问题的有效办法，此时就需要管理者加以引导，共同明确问题纠正的方法与行动计划。

以一个具体的职场场景为例，如果员工在工作中粗心马虎，提交的报告不是数据有问题就是格式不符合要求，结合上文中的五个步骤就可以形成如下批评话术。

（1）直截了当地提出问题

“小 A，我们来谈谈你刚发给我的数据报告中存在的几个问题。”

（2）陈述事实，不要谈感受

“我刚看了你提交给我的数据报告，有两处数据存在错误。第一处是部门的数据匹配错误，将一部的数据与二部的数据颠倒了；另一处是环比增长中，我们之前提过保留小数点后两位，在报表中没有保留小数点后的数据。”

（3）让下属认识到问题存在（提问式引导）

“你将报表提交给我之前发现了这两个问题吗？”

“对于这两个问题，你怎么看？”

“关于报表的制作要求，我们之前已经沟通两次。从报表制作过程中需要用到的方法技巧来看，你是已经掌握了。针对报表中的数据错误，你觉得原因在哪里？”

（4）分析问题不改进可能造成的后果（提问式引导 + 问题总结）

“你觉得这个问题可能造成什么影响？”

“数据报表是公司制定各项决策的重要参考，因为报表中的数据错误就不能真实客观地反映问题，可能导致制定的决策错误，这对公司的运营及业务开展影响是巨大的。报表中，一个小数点的偏差带来的影响随着决策的制定与执行会不断放大，你要意识到这不仅仅是一个数据的问题，更是我们公司运营的决策参考问题。”

（5）共同找到解决的办法（提问式引导 + 方法总结 + 强调）

“你觉得后期应该如何避免此类问题的再次发生？”

“这类问题的发生，不在于技能水平的差距，而在于没有养成工作检查的习惯。只要你认真检查，这些问题都是能够发现并解决的。那我们今天就再次明确下，后续每次报表制作完成后都检查3遍。按照报表的要求，一条一条确认数据是否正确、是否符合要求。3遍检查都确认无误后再发出来。”

“再次强调下，养成好习惯，以后不允许再出现类似错误了。能做到吧？”

批评的目标是纠正错误，那么最后一步解决方法的明确就显得尤为重要，必须形成一个明确的、可落地执行的解决方案共识。而且方法必须行之有效，不能只停留在意识的层面泛泛而谈，说一些诸如“这个问题很重要，你要改正”之类的话语。

如果没有得出具体的改正措施，那么员工依然对问题的解决方法没有标准，只能继续凭借自身的认知解决问题，难免存在问题解决不彻底、无法达成预期目标的情况。比如在前面的对话中，“每次报表制作完成后检查3遍”就比“报表完成后多检查几次”要来得具体，可执行性高，对问题的解决也更有保障。

谦虚诚恳，主动拥抱批评

对于职场新人而言，批评他人是一个小概率事件，被他人批评才可能是家常便饭。有的人在被批评后百炼成钢，有的人在被批评后百炼成灰。批评者的批评方式是否科学合理，固然是重要原因，但作为被批评的一方，我们如何应对批评也有着重大影响。

面对批评时，第一个需要明确的问题是我们应当以什么样的心态来面对批评。

从职业发展与个人成长的角度看，外部的批评帮助我们发现问题、纠正问题，并提升解决问题的能力，也是推动我们前进的力量之一。每一次的批评都是一次成长与提升的机会，否则党组织也不会经常主动召开批评与自我批评的组织生活会。

我们应主动拥抱批评而非抗拒批评，被批评后也应聚焦于问题的解决方法与行动计划上，而不要沉沦于错误得失的沮丧与纠结。

心理学中有一个著名的认知模型，叫做“乔哈里视窗”（Johari Window）。这个模型根据我们对自身的认知及他人对我们的认知，将人际沟通信息分成了公开象限、隐私象限、盲点象限、潜能象限四个区域，而在这四个去榆中，盲点象限往往占据着很大的面积，所谓“当局者迷，旁观者清”，每个人都存在一些自己没有发现但别人却很容易察觉到的弱点和缺点。盲点象限的面积影响着我们对自我的认知是否完整客观。多听取他人的意见，缩小盲点象限的面积，是我们在职业发展过程中必须重视的一件事情。

接纳批评的过程就是一个不断缩小自身盲点象限的过程。拿我个人来说，大学毕业后从事企业内训工作，学习了不少团队管理知识，接触的也都是企业中高层管理者。内部授课时，面对台下学员讲起团队管理也头头是道，我曾一度以为管理也不过如此。

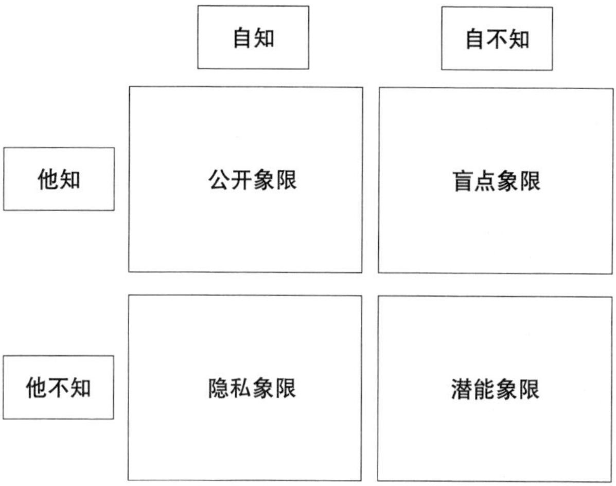

直到有一次，朋友对我说："伦锦，你知道吗？你现在讲的所有知识、方法都是书本上的理论，你从来没有自己管理过一支团队，也从未亲身验证过这些方法。将理论转化成执行过程中的落地行为，中间还有一段很长的距离。应用的效果能否达到预期，你也没有证明。你说培训授课的反馈很好，它给你带来一种假象：仿佛你就是一个管理大师。但你要知道，台下的人对你的认同未必完全来自于你所传递的知识，而是你所处的位置。如果你不能跳出这个假象，那么将来，你只能做一个理论上的大师，而在解决实际问题面前依然无能为力。"

这段话对我而言，犹如醍醐灌顶，也让我开始重新认识、分析自己，并有了第一次的跳槽，开始进入业务领域，尝试并带领团队。及至今日，我对这段话记忆犹新并深怀感激。如果不是他的及时提醒，可能我现在依然没有发现这个盲点，满足于已有的成就，并沾沾自喜。

听取别人的反馈，不断缩小自身盲点象限的面积，才能帮助我们逐渐改变、提升自己。拥抱每一次批评、欢迎每一次批评，应该成为我们面对批评的心态。

除了心态的调整，在面对批评的过程中，我们还应注意以下几个要点。

1. 承认问题，不找借口、不推卸责任

既然是对工作过程中的问题纠正，在问题被提出后，我们应该思考的是这个问题或错误是否存在、对方提出的批评是否合理客观，而非找借口去掩饰自身的错误或者推卸责任。

如果对方提出的批评是真实存在并且客观合理的，首先要向对方传递我们对于错误的态度——承认错误并承担责任。这并不会影响你在对方心目中的形象。勇于担当责任与逃避责任之间，一定是前者更能获得认同。

但承认问题并不代表不分对错地全盘接收。在职场中遇到的批评有两种：客观的与不客观的，比如批评者没有了解事情的完整信息便匆忙下结论的情况。

不客观的批评通常有两种：一种是归因的错误，将他人的问题归为你的原因；另一种是问题本身的错误，比如问题本身并不存在或者已经纠正。

当遇到不客观的批评时，又应该如何应对呢？即使对方的批评存在不客观之处，但其出发点是希望能帮助你纠正错误，这个动机是好的。那么在交流之中，不建议直接反驳对方的不客观之处，倘若如此，可能造成对方“我好心提出你的问题，你倒指责我有错误”的印象。认同对方观点的同时，委婉地指出批评内容的偏颇之处，通俗点说，就是“给对方一个台阶下”。比如下面这段对话。

领导：“小A，昨天不是跟你说过把报告重新修改下再发给我吗？怎么到现在，我还没收到？交代给你的任务，要在说好的时间点前完成，养成习惯。”（实际情况是小A已经发给领导了，但是他没有看到）

小A：“好的，以后我会注意的。修改后的方案昨天已经发到您邮箱了。可能是邮件太多了，你没看到。我应该在发送后给你一个信息反馈的，是我的失误。需要我重新发一份吗？”

在这个场景中，领导提醒小A要有时间观念，在预定时间内完成任务要求，这个出发点是好的。但确实是领导自身没有看到邮件，并不是小A没发出。此时，如果小A说“不对啊，昨天已经发给你了”，领导难免会有些尴尬。而将原因归为“领导收到的邮件太多，才没有注意到”和“我没提醒你，是我的失误”，既了解到事情的真相，又给出一个对方错误批评行为的合理解释，领导的感受自然好得多。

2. 保持倾听，控制自己与对方的情绪

当对方在表达问题、提出批评意见时，如果带有愤怒的情绪，最好的应对方式是保持倾听，不仅能缓解对方的愤怒情绪，也能控制自己的对抗情绪，为后续的对话开展保持良好的沟通环境。

在对方表达愤怒情绪时有三种应对方式——认同、反驳、倾听。之所以说倾听是最好的应对方式，因为前两种都有可能带来愤怒情绪的升级。下面，可以想象这两种方式可能延伸开来的对话后果。

领导："小A，我跟你说过多少次了，#*%&……"

认同式应对："领导您说得对，这是我的问题。"（领导内心对白：你都知道这是你的问题了，为什么屡教不改？我看你分明就是态度有问题）

反驳式应对："领导，不是你想的那样。"（领导内心对白：还找借口，一个问题发生这么多次，还不知道错吗）

不是所有的认同和反驳都会使对话往这个方向发展，但在对方表达愤怒情绪过程中保持倾听，等对方说完后再表达意见，这种方式能够缓解对方的愤怒情绪。因为此时。对方需要的是情绪的宣泄，而中断情绪的宣泄只会带来情绪的升级。

这一点在很多客服处理投诉时能够得到验证。一个好的客服，

接到客户投诉电话时，第一件事情永远不是针对问题给出解释，而是先让对方完整地说完，宣泄不满的情绪；并在倾听过程中用比如“嗯”“你说”等简单的词语，给对方传递“我在认真听你讲话”的信息，等对方宣泄完情绪后再给出具体解决方案，这样对方更容易接受。

3. 对批评表示歉意与感谢

如果你的错误给对方造成了不便，那么在对方表达完批评内容时首先表示歉意：“不好意思，因为我的错误给你带来了不便。”这不仅仅是沟通礼仪上的需要，也是缓解对方情绪的一种方式。

同时在沟通结束时，向对方给你提出批评这一行为表示感谢，因为他提出的批评让你知道问题所在，缩小了自己的盲点象限面积，理应表示衷心感谢。

勇于承担，让对方感受到你的尊重

基于上述行为逻辑，在应对他人提出的批评时，根据对方批评内容及表达逻辑的差异，我们可以形成不同的应对话术。如果对方提出的批评逻辑清晰、内容完整，根据对方的表达思路给出反馈即可。如果对方的表达逻辑不清晰，只是在描述感受，我们可以将需要反馈的信息分成以下四个部分。

- 承认错误，承担责任：认同对方提出的问题所在，承担责任。
- 分析问题的原因：分析问题产生的原因是什么。

- 明确后续改进计划：告知对方你将如何改正这个问题。
- 表示衷心感谢：向对方提出批评的行为表示感谢。

根据这四个部分的沟通要点，结合具体的批评场景，可以形成以下沟通话术。

领导："小A，你刚发给我的报表还有两处错误，不仅数据没有保留小数点后两位，还把部门间的数据混淆了。跟你说过多少次了，工作完成后要检查，这个毛病什么时候能给我改正过来！"

小A："不好意思，是我的错，没有做好报表检查工作。我现在立即重新核对一遍，确认无误后再发一份新的报表给您。（承认错误，承担责任）

确实是我的疏忽，总觉得自己做的数据不会有错，对报表的检查不够重视，也不够细致。以后每项工作完成后，我都检查3遍以上，确保不再出现类似错误。（分析原因并给出改进计划）

谢谢领导的指正。"（表示衷心感谢）

从被批评的角度来看，在沟通结束后需要向对方传递我们改正问题的决心与行动，让对方知道他的批评是有效的。当你传递的信息与对方在批评时希望达成的目标相一致时，沟通双方的共识才能得以建立，一次批评的沟通方能圆满完成。

》 第五节

表扬：正确给予正面反馈，让话语更动听

表扬不一定是好事，掌握正确方式才有效

在绝大多数人的观念中，表扬是一件给予对方正面反馈的行为，我们希望通过表扬来传递并扩散自己对对方的认同，在团队中树立榜样，让更多的人知晓并向其学习。同样，在工作、生活之中，大家也自然地认为多表扬他人是一种正确的行为，比如倡导老师要善于发现学生的优点并予以表扬；领导要发现员工的优点并予以肯定；善于表扬学生的老师是好老师，善于表扬员工的领导是好领导。无论是在生活还是工作之中，表扬他人都是一件正确的事情。

但是，表扬他人就一定是一件好事情吗？

未必。

我第一次开始对“表扬他人是不是一件好事情”产生思考，来自于一次和朋友的聊天。他对我说了这么一段话：

“你知道吗，其实我并不习惯被他人表扬。每当听到上级对我的表扬时，我就感觉到很不自在，不知道该如何应答。这种不自在甚至在表扬结束后会变成一种不安与压力，打乱我原定的计划与节奏，对表扬产生一种防备心理。”

我当时把这种想法归结为他太敏感，想太多。但随着接触的人越来越多，我发现有这种想法的人并不在少数。

为什么表扬会变成一种压力？为什么表扬可能导致对方的不自在与不安？被表扬人的客套回应仅仅是出于客套吗？我开始尝试去了解表扬到底是一件怎样的事情。

表扬是一种自上而下的行为，正如你不会看到哪个下级表扬上级、哪个学生表扬老师。自下而上的表扬行为叫做赞美、歌颂，而非表扬。自上而下的表扬关系背后隐含着一种严格的等级制度与权力关系：我是你的上级，我有权力评判你做得好不好，我能通过表扬来控制你应该往哪个方向走，此刻我能表扬你，换个时刻也能批评你。

而被表扬的人并没有这样的权力，你无法表扬上级，只能赞美他、感激他。往往内心越敏感的人，对这种等级制度的感受越强烈，也对被表扬感到不自在，认为表扬是一种有目的性的动作，是带有特定意图并且想通过意图去引导、控制他的行为，进而产生排斥与反感。

我们不能仅仅把这种感受归结为对方的敏感，更应该反思我们的表扬行为本身是否真如对方所体会到的一样传递着特定目的，这与我们进行表扬这一动作的动机、方式有巨大的关系。

不仅是表扬的对象可能对这一行为产生与我们预期相左的反应，表扬本身的反作用同样不容忽视：它会引起行为内在动机的淡化，甚至在进行是否应该做某件事情的行为判断时以是否能获得表扬作为标准，能获得表扬就认真做，不能获得表扬就随便做。

小时候我们做了好事，比如捡到钱了交给老师，老师给我一朵小红花，第二天我又捡到钱了，老师又给我一朵小红花。此时我就建立起了“捡钱上交老师就能获得小红花”的意识。于是我开始找下一次捡钱的机会。当找了很久后发现捡钱的机会不是天天有的，但又想获得老师的表扬时，怎么办？

——制造捡钱的机会。

同学看到后纷纷效仿，今天小明捡到了书本，明天小红捡到了玩具，后天……

这种情况下，我们养成的不是“拾金不昧”的优良习惯，而是为了获得表扬而忘记了“拾金不昧”应该是一种本应具有的品质，将其变成一种手段。美好的品质与行为变成了获得表扬的附属品，行为的内在动机逐渐淡化，甚至不复存在。

不仅如此，过度的表扬还能导致被表扬者形成自大狂妄、以自我为中心的性格缺陷。这一点在儿童成长时期尤为显著，倘若一个人从小的成长环境中接受的都是来自他人的表扬，那么自然容易形成“我做的都是对的”“我已经做得很好了”等观念，无法对自我形成客观、全面的认知。在后续的成长过程中，抗挫折能力弱，无法承受来自外界的压力，对他人的批评不能接受，进而走向另一种极端。

什么事情值得予以表扬？对值得表扬的事情予以什么方式、什么程度的表扬？这都是我们在表扬过程中应当思考的问题。

表扬可能导致对方的不自在，可能导致对方行为内在动机的弱化，但并不能因此否定表扬的价值。表扬带给人的正向激励价值远远比其可能造成的负面影响要大得多，比如表扬可以引导人们的行为。当你通过表扬来告诉对方他是一个正直的人时，他便会以正直作为自己的行为准则；当你表扬对方是个努力学习的人，他会在学习上付出更大的努力。所以，我们始终提倡管理者应对团队成员予以正确的表扬，去引导团队的行为导向，建立良好的团队氛围与人际关系。

人生来就存在被他人肯定的需要，根据马斯洛需求层次理论，人们在生理需求与安全需求得到满足时，必然追求情感归属与尊重的需要，表扬正是满足其情感归属与尊重的有效方式。但要使这一行为行之有效，前提在于必须掌握表扬他人的正确方式。

纯粹、真实、及时，让表扬自带感染力

正因为表扬行为存在前文提到的双面性，我们在对他人进行表扬时必须遵从以下几个原则。

1. 表扬应当纯粹

在讨论沟通行为时我们说过，沟通是一种带有目的性的行为，放在表扬这件事情上，从个人角度来说，我们的预期目标是传递正面的反馈，使其保持优秀的行为习惯，以更高的标准去要求自己，实现进一步的提升。从团队角度来说，我们希望树立榜样，使其成为他人的学习标杆，带动团队的进步。这个目标当然没有问题，但问题在于，如果对方认为你的表扬是以上述结果为目标，那么他能否从你的表扬中得到鼓励？

表扬是一件应该有目标，但又不应该有目标的行为。

这句话有点不合逻辑，但事实确是如此。应该有目标，是指我们上述提到的表扬希望达成的效果应该通过这一行为得到实现；但不应该有目标，是指你的表扬要让对方感受到这就是对他的表扬，而不是出于其他目的。

如果在被表扬的一方的感知中，你的行为是带有目的性的，那么对方自然形成表扬只是你实现目标的一种方式，而非发自内心对其行为肯定的认识。可能你的目的达到了，但对方并没有感受到你对他的鼓励，表扬的效果自然大打折扣。

表扬就是表扬，不要夹带其他目的。比如下面这段对话。

领导：“小A，最近这段时间，你的工作表现很不错，不仅自身的工作保质保量地完成了，还给新入职的几位同事提供了很多帮助。他们对你的评价都很高，说你很有耐心，指导内容也很全面。继续加油！对了，最近部门的工作任务量比较大，大家都在为接下来的工作做准备，昨天开会时老板说的下季度市场营销方案需要尽快做出来，周末你辛苦下，加个班把方案补充好吧。”

小A：“# ￥%*@……”

虽然小A嘴上没说啥，心里头却万般埋怨，心想：敢情你前面铺垫那么久，就是让我周末加班的吗！

如果是布置任务，就布置任务，把表扬的内容留到以后再说；如果是要表扬，就纯粹地表扬，不要带上任务。

把前面领导的那段话拆开，单看表扬或者单看任务要求都没什么问题，但两者结合在一起，就显得什么都不是。不仅表扬的效果没达到，布置的任务执行意愿也大打折扣。

我们在前面中提到，批评他人时就直截了当提出批评内容，同样在布置任务时就直接下达任务要求。倘若每次表扬都带上后续安排，那么表扬就没有价值了。

2. 表扬应当真实

一个女生比上个月胖了二十斤，见面的时候你对她说：“一个月没见，你又瘦了耶！”

“这不是表扬，这是讽刺。”尤其对于内心敏感的人而言，只要你的语言让他认为“我并不是你讲的这样”，他自然会产生你的表扬名不副实的感受，进而产生在本节开篇提到的防备甚至不安的心理。

我们传递的内容是否真实，在内心深处都会有一个衡量的标尺。决定传递的内容是否真实，在于我们是否用真诚的态度进行沟通；而如何做到真诚，本身没有方法可言，“没有什么道路可以通向真诚，真诚本身就是道路！”

表扬之中所传递的信息都应有据可依，而非想象夸大。至于什么内容才是真实客观的，我们在前一节分析批评这一行为时已经详细介绍了。不同之处在于，批评时侧重于结果数据的表现，而在表扬之中可侧重于过程情况的描述。我们可以对比一下下面两句表扬的语言。

表扬方式A：“这次的方案设计质量很高，提交给客户后一次性通过了，和之前相比进步很大，继续加油！”

表达方式B：“这次的方案设计质量很高，提交给客户后一次性通过了。过去的一周每天下班后都看到你在加班加点查找资料、修改方案，也开始主动找同事交流方案的设计思路，不再像之前只会自己闭门苦思。进步很大，继续加油！”

两句话的差异在于，前者只表达了对结果的肯定，而后者多了对过程的描述，过程的描述是在告诉对方“你付出的努力和做出的改变我都看到了，我一直在关注你”。这种描述自然相较前者更有温度，在对结果的肯定之外，多了一份对个人的关怀。

3. 表扬应当及时

批评应当及时，对于行为的表扬同样应当及时。当你发现团队成员中值得肯定的行为，及时地提出表扬，能够建立被表扬者对这一行为的强化。对行为的正面反馈能够让行为保留并持续直至形成一种习惯。倘若行为缺少正面反馈，久之则易产生对行为坚持的意义及行为标准的怀疑。

自媒体平台给内容创作者设计了用户点赞、打赏、评论等机制，不仅为了增加创作者与用户的互动，更重要的是让创作者在点赞评论中得到正面反馈，从而形成持续的创作。

坚持一种行为的动力来源于两个方面：自身的意志与外界的推动。自身的意志很难在缺少外界反馈的情况下长期保持而不衰减。所以创作者在写完某一篇文章后，通常会很关心这篇文章的用户反馈如何，却不会对一篇半年前发布的文章用户给予什么样的反馈而时时挂念。同样，很少有人能够在没有正面反馈的情况下持续进行内容创作，即便是停止创作一段时间后收到了用户对曾经创作内容的反馈，也很难重新激起创作的欲望。

表扬的行为同样如此，一个值得肯定的行为间隔十天半个月后才重新提起，对方已经淡忘当初做这件事情时的感受，对于你的表扬自然也就无感；同时，你的表扬也就失去了意义。

在纯粹、真实、及时表扬的前提下，表扬的开展还应考虑以下两个问题。

1. 对什么事情进行表扬

从内容上来说，表扬所包含的内容有两个方面：具体的行为举措或者个人的行为素养。比如今天小 A 帮助新同事解决了什么问题，这是行为；这段时间发现小 A 改掉了之前粗心马虎的习惯，这是素养。表扬的过程之中，行为与素养既可相互包含，也可相互独立。

但是否意味着我们在观察到好的行为或素养的时候都应该进行表扬？其实未必，高频度的表扬只会让你的表扬显得廉价。一个好好先生对他人的正面评价的说服力不强，原因不一定在于他所讲述的内容不客观，而是因为好好先生一向如此，从来就没有对谁有过不好的评价。对他人的表扬不一定要稀缺，但至少要有激励价值。

要让表扬有激励价值，就必须建立我们进行表扬这一动作的决策标准。在我看来，这个标准的核心是做出改变。

是否做出改变的衡量标准基于表扬对象本身在前后时间段内的表现差异，而非工作的难度或者创造的成绩。在田径赛中，100 米要跑进 10 秒很难。如果一个普通运动员的 100 米跑成绩从 11 秒提高到 10 秒，这是一件值得高度表扬的事情。但如果是博尔特跑出 10 秒的成绩，则完全不是一件值得一提的事情。

同样在工作中，相同的工作任务对于不同人而言，难度是不一样的。有的人用 70% 的努力做出了 100% 的成绩，有的人用 120% 的努力做出了 95% 的成绩，前者未必值得肯定，但后者一定值得你予以鼓励。

做出改变的另一种体现形式叫做“超出预期”。我们在下达任务时，对于任务接受者都会有一个预期的目标——他应该做到什么水平。这个目标的制定就是基于任务接受者的过往表现、能力差异。比如对一个考试成绩长期不及格的学生而言，老师对他的预期目标是下次考试时能够及格。结果通过持续的努力，学生期末考中得到了 70 分，这显然是一件值得肯定的事情。意味着在这个过程中，他付出了比老师预期更多的努力。

当明确了表扬应该以做出改变为标准，我们就不难理解为什么幼儿园老师持续给小朋友拾金不昧这种行为以小红花的奖励效果有限，甚至带来反作用。因为在这个行为中，表扬的标准变成了“你是否做了一件正确的事情”，只要你做的事情是正确的，那么就予以表扬。在这种标准下是无法建立起小朋友“追求更好”的观念的，更容易让其产生“持续去做这件事情以获得表扬”的行为准则，与我们进行表扬时希望达成的效果背道而驰。

我们不能去设定一条线说工作完成结果在什么水平上的人应该得到表扬、在什么水平线下的人予应该以批评，是否做出改变的标准因人而异。观察团队成员的行为变化并分析改变是否往正面的方向发展，这是我们是否应该进行表扬这一行为的前提。

2. 用什么方式进行表扬

表扬的方式多种多样，不仅有口头语言的表达，一个眼神、一个微笑、一次点头都可以给对方传递表扬的信息。除了与被表扬者之间的直接交流，通过第三方来传递你的表扬也是一种方式。

同样的内容，在不同人看来会有不一样的感受，如同教学时因材施教非常重要一样，根据对方的性格特点采取合适的表扬方式也非常重要。

基于每个人成长环境的差异形成不同的性格特征，比如我们常说的内向型与外向型性格差异。内向型性格的人往往谨慎而敏感，外向型性格的人往往热情而活跃。性格差异，本身无好坏优劣之分，但基于不同的性格特点采取不同的沟通形式，往往能让对方的感受更为自然。

内向型性格的人更容易接受平和的沟通方式，对其大量渲染与传播，往往让他感到不自然；而外向型性格的人更愿意享受语言描述带来的喜悦。基于性格的差异，对内向型性格的人可以多采用肢体语言传递表扬信息，或者通过第三方来传递你对他的肯定；而对于外向型性格的人，则可以多采用语言交流来进行表扬。

当然，基于性格的差异选择不同的表扬方式，并不意味着我们不能对内向型性格的人采用口头语言的表扬，或者不对外向型性格的人使用肢体语言来传递表扬信息。表扬的方式除了注意性格的差异，还要基于不同场景的灵活运用。

除了口头语言与肢体语言的差异化使用，表扬中更为重要的是表扬的内容本身，应多使用鼓励性的语言，而非夸奖性的语言。

鼓励与夸奖的差别在于，鼓励是对“通过努力后获得好的成果”的肯定，而夸奖是基于对方“天赋或才智”的赞美。我们可以对比一下以下两句话的差异。

> 夸奖：“你怎么这么聪明？别人一个小时都无法完成的任务，你半个小时就完成了，真厉害！”
>
> 鼓励：“这项任务的难度不小，你在执行过程中能够不断寻找新的方法，打破固有的思维方式去思考问题，并且圆满实现了预期目标，表现不错，继续加油！”

前者在肯定对方的聪明才智，将成果归结为一个人的天赋能力；而后者在强调工作开展方法的探索，归结为过程中的努力与付出。不同的语言对于被表扬者有着截然不同的价值导向：前者的导向是我通过自己的聪明才智能够解决问题，而后者是通过我的努力能够解决问题。

斯坦福大学心理学家卡罗尔·德韦克曾对纽约 20 所学校 400 名五年级学生做了一项研究，发现夸奖与鼓励的效果大相径庭。研究中他将学生分成两组，分别进行拼图测试游戏，对其中一组学生取得成绩后进行“有天赋和聪明”的夸奖，另一组学生则对其予以“通过努力而表现优秀”的鼓励。随着游戏的推进，夸奖组在拼图测试中倾向选择简单的任务，为了保持在他人眼中看起来聪明的形象而躲避失败的风险；鼓励组倾向于选择难度较大的任务，在测试中非常投入，并努力用各种方法来解决，成功率较高。

差异不仅体现在任务难度的选择上，更在于参与人员对结果的认知感受上。夸奖组在遭受高难度考验后，随着失败概率的提高，容易产生挫败感，开始患得患失；而鼓励组更愿意去挑战有难度的任务，即使遇到失败也能持续寻找方法，尝试解决问题。

正因为表扬方式的差异能够给被表扬者带来巨大的行为反差，我们尤其需要重视表扬过程中的内容表达。使用鼓励的方式，而非夸奖；关注过程中的努力，而非最终结果的呈现，这个过程包含了对方在行动中的努力、专注、坚持、思考、调整、改变等各方面的行为付出。

对于职场人而言，我们已经形成相对稳定的思维方式，但依然受到他人或环境的潜移默化的影响。表扬应当让对方形成对待工作、对待未来的正确态度，而非只是建立起一种“我很优秀”的认知，倘若如此则表扬毫无意义。

真诚为本，让表扬的效果更加深刻

基于上述对表扬这一行为的要点分析，我们可以从以下几个角度进行表扬的语言描述。

1. 表达对于过程或结果的感受与评价

如同前文所说的，表扬的内容需要纯粹。那么在进行表扬时，对话开场可以直接表达出自己的态度，既然表扬就不要遮遮掩掩、顾左右而言他。我们可以通过以下话术来表达认可与肯定的态度。

“这次任务完成得很漂亮。”

“最近工作表现不错。”

“对于你取得的成绩，我非常高兴。”

态度是对方最容易获得的感受，也能在对话开场就给对方传递正面的信息，使其以放松的心态开展后续的对话。

另外还应该注意一点，在表达感受时语言尽量简单，避免添加一些无意义的信息去干扰核心要点的传递，这样不仅无法加强你的感受描述，反而画蛇添足、多此一举。比如你表扬一个女生，第一句话说：“果然人不可貌相……”

说者无心，但听者有意，对方可能想到的是：你什么意思？就是说我丑咯？哪怕你后面说的话再怎么正确，都填补不了这个大坑。

2. 陈述结果及过程中的事实

事实指向对方在过程中进行的动作，并通过过程的描述提炼行为背后的特质。这是我们在进行一段表扬信息的传递中最核心的部分。必须要让对方知晓你肯定的是什么内容，如同前文中提到的“天赋”与“努力”的差异一样，你所肯定的每一条内容都在向对方传递你的价值取向、引导他人的行为方向。

对于过程的事实描述，可以采用“过程及结果现象 + 特质素养”的语言结构来表达，比如以下句子的描述方式。

这次方案提交给甲方后一次性通过，正因你在这个过程中多次修改调整才取得这个成果。这个过程中，对项目的高度投入与对结果的高标准要求，让我看到了你明显的进步。

“一次性通过”与“多次修改”是对结果与过程的事实描述，“高度的投入”与“高标准的要求”是行为背后的特质素养。站在信息接收者的角度，可以了解到领导认同的重点在于特质素养上的要求，在后续的工作中，信息接收者也应当继续以此为标准开展工作。“现象＋特质”的描述结构，解答了被表扬者对于领导看到了什么、肯定了什么、我应该坚持什么等疑问。

3. 强化对方的改变价值

能够正确使用“过程及结果现象＋行为特质素养”的语言结构来表达你对对方的表扬，可以说基本满足表扬的信息传递需求。如果希望被表扬者对于价值的感知更加深刻，我们可以通过对比的方式进行价值强化，引出改变的内容。

对比的双方可以是被表扬对象的现在与过去的表现，也可以是被表扬对象与其他人员的表现差异。比如下面两段语句描述。

现在与过去的对比：“记得你刚加入团队时对于方案设计还没什么耐心，提交的方案也经常被打回。现在你不仅对这项工作有了成熟的方法，也养成了良好的职业素养。”

表扬对象与他人的对比：“大部分人都习惯于用客户

> 的标准要求自己，但你能在客户要求的基础上给自己设定更高的目标并努力达成，这一点尤为可贵。”

通过两种角度的对比，将我们所看重的行为特质进行强化，深入地表达对这种特质的欣赏与重视，能让表扬的效果更加深刻。

4. 对行为及改变予以肯定与激励

写作文时讲究前后呼应，同样在对表扬的内容进行描述后，结束时还可以再次表明对其行为的评价。比如最简单的“继续努力”“继续加油”等语句，都是对被表扬者的一种肯定。

将上述内容要点整合在一起，可以形成以下完整的表扬话术。

> 这次任务完成得很漂亮。方案提交给甲方后一次性通过,正因你在这个过程中多次修改调整才能取得这个成果，过程中对项目的高度投入与对结果的高标准要求，让我看到了你明显的进步。从你刚加入团队时对于方案设计还没什么耐心，提交的方案也经常被打回，到现在不仅对工作开展有了成熟的方法，也养成了良好的职业素养，我看到你在不断地成长。继续加油！

话术只是提供一种参考，基于表扬事项及内容的不同，结合上述语言结构，我们可以灵活运用，既让被表扬者感受到你的真诚与认同，也确保表扬目标的达成。

》 第六节

说服：懂得讲话之道，让对方真诚地接受新观点

建立信任的关系，让对方理所当然地接受

高中语文课本中有一篇关于如何说服他人的经典著作《触龙说赵太后》，内容简短精悍，却将如何说服他人这件事情演绎得淋漓尽致。我们可以重新温习一下：

> 赵太后新用事，秦急攻之。赵氏求救于齐，齐曰："必以长安君为质，兵乃出。"太后不肯，大臣强谏。太后明谓左右："有复言令长安君为质者，老妇必唾其面。"
>
> 左师触龙言：愿见太后。太后盛气而揖之。入而徐趋，至而自谢，曰："老臣病足，曾不能疾走，不得见久矣。

窃自恕，而恐太后玉体之有所郄也，故愿望见太后。”太后曰：“老妇恃辇而行。”曰：“日食饮得无衰乎？”曰：“恃粥耳。”曰：“老臣今者殊不欲食，乃自强步，日三四里，少益耆食，和于身。”太后曰：“老妇不能。”太后之色少解。

左师公曰：“老臣贱息舒祺，最少，不肖；而臣衰，窃爱怜之。愿令得补黑衣之数，以卫王宫。没死以闻。”太后曰：“敬诺。年几何矣？”对曰：“十五岁矣。虽少，愿及未填沟壑而托之。”太后曰：“丈夫亦爱怜其少子乎？”对曰：“甚于妇人。”太后笑曰：“妇人异甚。”对曰：“老臣窃以为媪之爱燕后贤于长安君。”曰：“君过矣！不若长安君之甚。”左师公曰：“父母之爱子，则为之计深远。媪之送燕后也，持其踵，为之泣，念悲其远也，亦哀之矣。已行，非弗思也，祭祀必祝之，祝曰：‘必勿使反。’岂非计久长，有子孙相继为王也哉？”太后曰：“然。”

左师公曰：“今三世以前，至于赵之为赵，赵王之子孙侯者，其继有在者乎？”曰：“无有。”曰：“微独赵，诸侯有在者乎？”曰：“老妇不闻也。”“此其近者祸及身，远者及其子孙。岂人主之子孙则必不善哉？位尊而无功，奉厚而无劳，而挟重器多也。今媪尊长安君之位，而封之以膏腴之地，多予之重器，而不及今令有功于国，一旦山陵崩，长安君何以自托于赵？老臣以媪为长安君计短也，故以为其爱不若燕后。”太后曰：“诺，恣君之所使之。”

于是为长安君约车百乘，质于齐，齐兵乃出。

在这段对话中，触龙要说服赵太后同意将儿子长安君送到齐国为质，换取齐国的救兵以解决秦兵攻击赵国的问题。显然对于这个选择，赵太后是极力反对的，根源在于赵太后宠爱长安君，不希望其承担风险。触龙在与赵太后的交流中，一开始并不说自己是来劝说的，而是通过唠家常的方式在解除了对方对沟通的抵触心理后，塑造了自己也同样关心儿子的形象，通过这种形象进一步拉近与赵太后的距离，并说出与赵太后心中截然不同的观点：你其实并不爱你的儿子。最终让赵太后认同了“父母疼爱自己的子女，应该从长远角度为其考虑”的观点，并通过这一观点让其同意将长安君送到齐国为质的选择。

从沟通的目标来看，在进行一次说服的动作时，我们希望对方能够认同并接受我们的观点，形成一致的认识。基于这个目标，首先要知道在不同的观点冲突中，人们会有怎样的行为特征，只有了解了行为特征，才能更好地说服他人。

触龙在全程的沟通中并没有表达“换取齐国救兵，有利于赵国”的观点，而是围绕赵太后所关心的子女发展问题进行讨论。这是一个极为精彩的说服案例，通过触龙与赵太后的对话，可以发现，在观点冲突的情况下人们会表现出以下特征：

1. 当一个人带有强烈的情绪时，会本能地排斥外界的观点

如同在文章开篇时提到赵太后对于别人要进谏说服的态度：“老妇必唾其面。”意思是你们要是再来说服我，我直接把口水吐过去。此时，与你讲述的内容是否有道理，已经没有关系了，而是我不愿意与你交流、我排斥你所有的观点。正常交流的通道被关闭了。

这个场景在工作、生活中也会遇到，比如老年人热衷于买保健品，当他们已经建立起“吃保健品能治癌症”的观念时，哪怕你有再科学的数据都无法让他们相信癌症是不可能通过保健品被治愈的。你越是阻止他们买保健品，反而他们会越发相信销售员传递的观念，甚至认为你就是“不孝”“不舍得花钱”。

在强烈的情绪影响下，人们是无法理性分析问题的，自然我们去向对方分析原因、阐述道理，也无法产生效果。

2. 人们习惯保护自己的观点，排斥被他人说服

我们可以问问自己是不是一个愿意被他人说服的人，可能你的回答是愿意。但如果把问题变成“我是不是愿意被他人轻松说服”或者“我愿不愿意经常被别人说服”，答案往往是否定的。因为这样会显得我是一个没有主见的人，我容易受他人的观点所左右，或者是“我被你轻而易举地打败了”，而这种感受显然并不好。

所以，哪怕我认为你讲的有道理，我也要让你的说服显得不那么轻松，一定要经过一番激烈的争执后再认同你的观点。因为经过激烈争执后的认同，会让这种失败感淡化很多。

在对话过程中，我可能已经认同你的观点，但还是要让对话继续进行一段时间，这样才能让我更容易接受。

说服的内容不仅与正确与否有关，更大程度上与我们所站的立场有关。当一个人选择了某一方的立场后，他会找出所有理由来证明自己的观点是正确的。比如今天我买了一部手机，本来我对这手机的评价一般，但如果此时有人过来跟我说“这部手机很差劲”，我的第一反应是反驳：“不会啊，它的外观设计、系统设计都很有特点，你看它还有一个其他手机都没有的功能：#￥@%&*……”而这些评价，在我原有的评价内容中未必存在，但站在购买了这部手机的用户立场上，我必须要证明这部手机不是别人说的这么糟糕。因为一旦认同别人的观点，那么我还花钱买这部手机，就显得我有问题了。

立场决定了观点，要改变观点，首先得了解对方立场。比如在触龙与赵太后的对话中，触龙出场时就跟赵太后说“把长安君送到齐国去才是明智选择”“把长安君送到齐国有很多好处”，那么结果只会与其他说客一样——被逐出门去。

3. 人们习惯接受自己信任的人提出的观点

电视剧中经常会看到一类场景，大臣们在朝廷上与皇帝争得面红耳赤。皇帝大发雷霆，不予采纳，而回到后宫之后，妃子只是在皇帝耳边说了几句话，皇帝立马改变了主意。

为什么“枕边风”比大臣的谏言更为有效？真的是因为妃子

比大臣更为高明吗？不是，只是因为皇帝更信任妃子，他本能地觉得大臣是有所图的，认为他们要么为了名、要么为了利，而妃子就是为他好。

人们习惯于接受自己所信任的人提出的观点，而对不信任的人保持怀疑。所以，说服的第一要求是，建立你与对方的相互信任关系。

信任关系的建立来自两个方面：情感认同与影响力认同。

我们可以想想在日常生活中最信任的人是谁：你的父母、丈夫或妻子、你的同学、朋友等，与你的情感交集越多，信任关系越密切。在职场中，我们所接触的人在没有充分情感交集的情况下，短时间内的对话环境中可以通过认同感的传递来建立信任，比如“我理解你的感受”“这件事情，你的出发点是正确的”“我的想法跟你是一样的”等语言来表达你的认同。触龙说服赵太后的过程中，起初为自己儿子谋求工作岗位的行为其实就是向赵太后表明“我跟你一样，也是疼爱儿子的人”。认同感的传递能降低对方的戒备心理，为后续的对话开展建立必要条件。

如果是长期交流，可以通过不断扩大沟通双方的公开象限面积来增进彼此的了解。随着公开象限的扩大、彼此了解的深入，沟通双方的联系也越发紧密。我们与父母、配偶、亲友的信任关系比一般人强，很大程度上是因为我们了解彼此所有的事情。

在相处过程中可以主动将自己的经历分享给对方，让对方更加了解你。所以在企业中，团建活动很有必要，因为这是一个非工作场合的交流，可以增进团队成员间非工作信息的了解，扩大彼此间的公开象限。

除了情感认同外，另一种信任关系的建立依托于影响力的认同。同样一段话，越是有影响力的人表达出来，接收者的认同感更强。比如下面这句话，从不同人的口中说出来，可以作以下对比：

> 我：“随着技术的进步，零售行业将迎来颠覆性的创新与变化。”
>
> 马云：“随着技术的进步，零售行业将迎来颠覆性的创新与变化。”

很明显，当马云说出这句话时，人们的认同感会更强。因为我们自然会认为马云说的这段话是经过对技术及行业的观察并结合丰富的商业经验分析后的结论；而我说这句话可能只是引用别人的观点，并不是基于我在过往商业经验中得出的分析与判断。

当我们与对方完全没有情感交集时，只要你在所讨论的问题领域建立起足够的影响力，说服对方的难度就小很多。在说服对方的过程中经常遇到的反抗是“你行你上啊”，这句话也就是看准了对方并不专业而进行的挑衅。倘若你是这个领域的专家，比如C罗评价某个足球运动员的技术粗糙，相信没有哪个足球运动员会对C罗说这话。

当然，影响力的建立并非一日之功，需要保持对这个领域长期的研究与积累，这也是我们在职业生涯中应该不断为之奋斗的目标。

换位思考，让说服走进对方的心

基于说服过程中沟通对象的行为特点，我们可以形成以下几点说服的行为逻辑。

1. 引导思考，而非灌输观点

你永远说服不了一个人，人只会被自己说服。

与其说在说服的过程中，我们做的是观点的阐述与证明，不如说是思维方式的引导、转换。当你把对方的思考方式引导、切换为与我们一样的思考方式时，自然能够得出与我们相同的结论。这个过程中，可以将你进行分析思考时所考虑的问题列出来，通过追问式提问的方式层层递进，最终形成共同的认识。

我们用一个例子来对比下引导思考与灌输观点的表达效果的差异。公司目前有一个竞聘部门主管的机会，小 A 本来想报名参加竞聘，但看到其他几个报名人员的信息后，觉得自己实力不如他们，害怕失败，于是打消了报名的想法。作为小 A 的同事，你认为他应该积极去争取这次机会，你会如何说服他?

方式 1：

“这次竞聘主管的机会非常难得，一年就一次。你在这个岗位上都做了这么久了，成绩不错，领导也认可你。就当是一次尝试啦，不要害怕失败，即使是失败了，又能怎样呢？大不了，下次再来。你要对自己要有信心，去参加竞聘吧。”

方式2：

“小A，这次部门主管竞聘，我看你准备了挺长时间，为什么临时又不参加了呢？”

“因为我看了其他几个竞聘的人员，觉得他们都比我优秀，感觉自己没什么机会。”

“你是担心竞聘不成功，白忙活一场，是吗？”

“就是觉得自己没什么机会，去了也不会成功，反而更丢脸。”

“所以你是害怕竞聘不成功而在同事面前很没面子？”

“有点吧。”

“你觉得我们经理对你的工作评价怎样？”

“经理应该还是比较认可我的工作吧。”

“你觉得经理与部门同事会因为这次竞聘不成功而改变对你的认同吗？”

“那要问你们了。不过，应该不会吧。”

“那你能想到的竞聘失败最差的结果是什么吗？”

“好像也没什么差的，失败了，就跟现在一样工作咯。”

“正如你自己说的，领导也认可你的能力，同事也不会因为你的失败而对你有所看法。即使失败了，大不了就是跟现在一样工作，还赚一次竞聘的经验。我们大家都支持你去参加这次的竞聘，一年一次的机会，不参加就太可惜了，你觉得呢？”

对比下两种说服方式，其实传递的信息是一样的：能力符合、领导认可、机会难得、大胆尝试。但差别在于，这些话是从谁口中说出来的。

相信一件事情：当你准备去说服对方时，你要讲的内容80%对方都有思考过，剩下20%的空白区域源自于他们认知的局限。所以当听到一个从未考虑到的观点时，会有醍醐灌顶的感觉。因为这个观点拓展了我们认知的边界。但如果对方说的观点都在我们的认知范围内，那么从对方的口中说出来，并不显得很有说服力，因为潜意识中你会告诉自己：你说的这些道理我都懂，但是……

由于这种潜意识的存在，当我们站在说服他人的角度，如果对即将表达的观点没有100%的把握是对方没有考虑到的，那么直接表达观点，不如引导对方自己说出你想表达的观点。因为一个人不会否认自己刚刚说过的话，既然他说出了自己的观点，他就会不断去维护这个观点。

对自己观点的维护意识越是强烈的人，我们甚至可以去攻击他的观点，让他自己找到足够多的证据去推动自己做这件事情。

比如同样是前面那段提问，我们可以换一个角度：

“其实你是想参加竞聘的，是吗？哪怕只是一点点。”

“是有一点。”

“为什么你要参加竞聘呢？”

“我想试试看自己有没机会。”

“可是你的竞争对手都很强啊。”

“是很强，但并不代表我完全没有机会啊。”

“可是竞聘有可能会失败，你就不怕丢脸？”

“有什么大不了的，难道你会因为我失败了就看不起我？”

“竞聘还要耗费很长的准备时间，你有时间准备？”

“我用这几天时间准备下。时间挤挤总是有的。”

在这段对话中，提问者全程在攻击对方想要参加竞聘的观点，但带来的效果是被提问者找出更多的理由去强调观点成立的原因。经过这段对话，只会让对方参加竞聘的意愿更坚定。

当然，对观点的攻击性说服要根据对方的性格特点来选择是否采用，如果是一个不那么习惯去维护自己观点的人，攻击性提问的后果可能是这样的：

“为什么你要参加竞聘呢？”

“我想试试看自己有没机会。”

“可是你的竞争对手都很强啊。”

“是啊，所以我觉得我机会不大，还是放弃吧。”

2. 换位思考，不要站在对立的角度讨论问题

如果你认为程序员写的代码有 Bug，你会怎么跟程序员说这个问题呢？

你直接跟对方说“你的代码有 Bug”，程序员的第一反应是：你的运行环境有问题吧；第二反应就是：你压根就不会用吧。但如果你跟他说：“这个程序怎么运行得跟预期不一样，是我操作有问题吗？”他的第一反应是“是不是有 Bug”。

两种表达方式的差异在于，前者在发生问题后直接做了原因判断，而这个判断建立在对程序员工作结果的质疑基础上；后者提出了问题现象，并将可能的原因归结为“我”的问题。前者是站在对立面的沟通；后者是站在非对立角度的沟通。

说服这一行为之所以容易引起反感，是因为很多时候我们在说服对方时所传递的信息是“我是对的，你是错的”，又或者说“我都是为你好，你怎么就不理解呢”。无论是哪种信息的传递，都是站在沟通对象的对立面进行交流。而对方产生的想法可能是“你又不是我，怎么会理解我的感受，又怎么能替我做选择”。

在说服过程中要做到换位思考，首先在于必须形成一个认识：不同的观点之间没有什么是绝对的正确，也没有什么是绝对的错

误。对方做出某种选择、形成某种观点，背后有其合理的原因。

老年人热衷于买保健品，他们错了吗？不是，可能他们只是想通过买保健品这一行为弥补子女对自己关心太少的情感缺失；

小学生沉迷于网络游戏无法自拔，他们错了吗？不是，可能只是因为在现实生活或者学业中无法获得认同感与成就感，而游戏给了他这种感受。

“彼之蜜糖，我之砒霜”，很多时候，我们眼中所看到的问题，可能是别人的解决方案。有一些我们没有察觉到的因素在促使他们做出某种选择，而这种选择的背后可能受他们的认知水平、知识结构、视野格局所限制，我们不能简单地将其归结为“错误”。

准备说服一个人时，想一想对方的选择与行为有哪些合理的解释，也就更能理解其行为背后的原因，从而真正做到换位思考。

3. 避免冲突，给对方以选择权

人们在被说服过程中，本能地会产生对被说服这一行为的抗拒，那么要想顺利达成说服目标，就需要淡化说服的色彩，让对方形成一种感觉——你不是来说服我的，我也不是被你说服的。

当对方建立起这种感觉后，对于观点的转变心理上会更容易接受。这种感觉的核心在于避免在说服过程中产生冲突。倘若一个人见到你开门见山地说“我今天是来说服你的”，你自然对于他说的每句话都充满戒备。

在职场沟通中，常见的一种冲突形式是代替对方做选择，比如经常听到的“我跟你说”“你应该怎样”等语句，都是在代替对方做选择的行为。我们给对方的选择空间是“你听我的还是不听我的”，本质上是要求对方服从，并没有给对方选择权。

在说服过程中，我们需要做的是提建议，把选择权交给对方。通过这种方式，传递一种“这是你自己经过思考后做出的选择，而不是被我说服”的信息。我们可以看下两种表达方式的差异。

例如你看到同事做了一个市场推广方案，同时在线上与线下渠道进行市场宣传。你认为线上与线下渠道同时开展宣传活动的话，不同渠道的效果无法进行评估，所以应该交叉进行，这样可以区分不同渠道的推广效果。基于这个目标，有两种表达方式：

> 表达方式 1：“你这样设计方案是错误的，听我的，把线上渠道和线下渠道分开来进行推广，不然没法评估效果。”
>
> 表达方式 2：“线上和线下渠道同时推广的话会遇到一个问题——两个渠道的推广效果没法评估。既然我们在两个渠道进行推广，效果评估是非常重要的。我认为可以把两个渠道的推广活动交叉开来，这样可以更好地进行推广效果的评估，你觉得呢？”

在对方认同应该对方案进行调整的情况下，第一种表达方式中，对方可以采取的答复是“好的，按照你说的办”；而第二种表达情况下，对方可以给出的答复是“是的，你说的有道理”。

这两种不同的应答方式，在对方心中的认同感是不一样的。

从说服的角度来说，我们希望对方认同并接受与之不一样的观点，所以我们要考虑什么样的方式能够让对方更容易接受。但在职场之中，未必所有的调整都要通过说服的方式来进行。从管理的角度来看，管理者在适当的情况下完全可以对团队成员下达要求或指令，第一种表达方式本质上是一种要求，当然在职场中也可以使用，甚至执行的效率更高。管理者应当结合场景及对象的差异来采取不同的沟通方式。

4. 根据对象差异，选择表达的侧重点

如同性格有内向型与外向型的差异，人们的思维方式也有理性与感性之分。理性的人对问题的分析更关注利弊、效率、规则；而感性的人更偏重于喜好、体验、直觉。这种思维方式的差异，也导致我们在说服对方时应该采取不同的策略。对于理性的人，重点分析利弊得失；而对感性的人，则强化其体验与感受。

谈起销售这个工作时，如果要说某个人销售能力特别强，我们往往会说一句话："见人说人话，见鬼说鬼话。"这就是一种根据沟通对象的不同采取差异化沟通策略的体现。同样卖一款手机，遇到一个男性电子产品发烧友时，我们会去介绍手机的配置、评分、与其他手机的测评对比，它的像素是多少、CPU 几核、内存多大等，通过尽可能详细的数据与试验来证明这款手机是多么优秀。当遇到一个女性手机小白客户时，你会跟她说这款手机的外观设计多么漂亮、拿在手上手感多好、拍出来的照片色彩多么鲜艳等能够直观感受到的信息。

销售的过程就是一个说服的过程，我们要找到对方的关注点并围绕关注点深入挖掘用户需求，提供需求的解决方案。

用说服的语言逻辑，拉近彼此距离

基于对说服过程中对象的心理特点及行为逻辑分析，可以总结出说服的语言逻辑。我们可以通过以下几个步骤来展开。

1. 拉近双方的距离，建立信任关系

在长期相处中，通过不断扩大公开象限的面积来建立沟通双方的信任关系；在短时间内无法扩大公开象限面积的情况下，通过表达对对方的认同与理解来拉近双方的距离，消除防备心理。如果说批评与表扬应该要直接，那么说服这一行为恰好相反，应该间接。

要拉近距离，我们可以用一种话术，叫做“我和你一样”。

我有个朋友经常吐槽他的领导，每次谈起领导就是说他怎么苛刻、怎么不近人情，又是下达重任务、又是催工作进度，还不关心员工。几次过后，我开始意识到这不仅仅是他领导的问题，而是他已经习惯对工作与生活的吐槽，不去思考解决方法，而是用抱怨的态度去面对问题。我希望让他意识到这一点，这种情况下，我们要开始一段对话，这里有两种开场方式。

表达方式 1："你的态度不对，你不应该这么看待问题。你的领导固然有不足之处，但是……"

表达方式 2："我也遇到过一个类似的领导，甚至比你的领导还过分……"

你觉得哪种开场让对方更有听下去的意愿？

"我和你一样"表达的不仅仅是我理解，更是为自己后续的内容增加说服力，因为我经历过、体验过，我的观点不是来自凭空想象，而是有根据的。

2. 激发对方的倾听兴趣

在建立信任关系的基础上，要想进一步增强对方听你表达的意愿，需要用一些方式激发起对方的倾听兴趣，更专注于你所分享的观点。

激发兴趣可以采取两种方式：制造反差与制造悬念。

制造反差是传递一个与对方认知截然不同的观点，在出乎对方意料之余引发思考。《三国演义》中有一段张辽说服关羽投降曹操的故事，当时关羽与刘备失散，被曹兵围困，本已视死如归，坚决不投降曹操。见到关羽后，两人之间有这样一段对话：

关羽："文远（张辽）欲来相敌耶？"

张辽："非也。想故人旧日之情，特来相见。"

关羽："文远莫非说关某乎？"

张辽："不然。昔日蒙兄救弟，今日弟安得不救兄？"

关羽："然则文远将欲助我乎？"

张辽："亦非也。"

关羽："既不助我，来此何干？"

张辽："玄德不知存亡，翼德未知生死。昨夜曹公已破下邳，军民尽无伤害，差人护卫玄德家眷，不许惊忧。如此相待，弟特来报兄。"

关公大怒："此言特说我也。吾今虽处绝地，视死如归。汝当速去，吾即下山迎战。"

张辽大笑："兄此言岂不为天下笑乎？"

这段对话的重点在最后一个回合，可以看到两人的表情：关公大怒，张辽大笑。两者形成了鲜明的反差。

在关羽的概念中，力抗曹兵、战死沙场才是忠义所为。"吾仗忠义而死，安得为天下笑？"张辽所表现出的神情、语句、观点，与关羽的认知形成了强烈反差，这给了张辽说出关羽战死沙场三条罪的机会：此时战死有负当年桃园结义的盟誓；刘备将家眷托付关羽保护，战死有负刘备所托；一身才能应当用来匡扶汉室，逞匹夫之勇，实为不义。正是这三点打动了关羽，不再排斥将投降作为一个选项。

我们可以设想下，倘若张辽一见到关羽，马上说："大哥，兄弟我劝你还是降了曹操吧。此时投降对你有三个好处：

￥%&*……”

如此表达，多半会被关羽扫地出门的。张辽虽为一武将，但沟通中对于对方心理的把握毫不亚于职业说客。高招，实在是高招！

制造悬念可以通过抛出一些观点或问题，但不立即给予解释及答案，给对方以想象的空间。比如“你这个方案各方面都挺好的，就是有一点没有考虑到”，当说出这句话时，对方自然会产生疑问：这个点是什么？我到底是哪里没有考虑到？好奇心是人们的本能，对于未知的事物往往有强烈的探索欲望，自然会对问题的答案产生期待。

3. 核心观点的表达

无论是拉近距离还是激发兴趣，都是为核心观点的表达做铺垫。你的说服能否成功，观点的阐述、证明是最核心的要素。而要让你的观点有说服力，我们在表达时要做到的标准可以总结为八个字：动之以情，晓之以理。

“情”是人与人之间的情感共鸣，无需解释，但容易被打动。“理”是事项的逻辑、利弊、标准等方面的衡量，说服的效果不佳，可能是因为我们将两者的关系颠倒，变成了“晓之以情，动之以理”。所以我们需要掌握的，是“理”和“情”的正确表达方式。

“理”是思维方式差异的体现。在讲述“理”的时候，我们需要的是逻辑、对比、判断，将不同选项间的利弊、优劣、得失分析清楚，给对方不一样的思考角度。

《左传》中记载了一段烛之武说服秦兵退军的故事，原文是这样的：

> 晋侯、秦伯围郑，以其无礼于晋，且贰于楚也。晋军函陵，秦军氾南。
>
> 佚之狐言于郑伯曰："国危矣，若使烛之武见秦君，师必退。"公从之。辞曰："臣之壮也，犹不如人；今老矣，无能为也已。"公曰："吾不能早用子，今急而求子，是寡人之过也。然郑亡，子亦有不利焉。"许之。
>
> 夜缒而出，见秦伯，曰："秦、晋围郑，郑既知亡矣。若亡郑而有益于君，敢以烦执事。越国以鄙远，君知其难也。焉用亡郑以陪邻？邻之厚，君之薄也。若舍郑以为东道主，行李之往来，共其乏困，君亦无所害。且君尝为晋君赐矣，许君焦、瑕，朝济而夕设版焉，君之所知也。夫晋，何厌之有？既东封郑，又欲肆其西封，若不阙秦，将焉取之？阙秦以利晋，唯君图之。"秦伯说，与郑人盟。使杞子、逢孙、杨孙戍之，乃还。
>
> 子犯请击之，公曰："不可。微夫人之力不及此。因人之力而敝之，不仁；失其所与，不知；以乱易整，不武。吾其还也。"亦去之。

这段描述中包含了三段说服过程，同时说服的核心都在陈述利弊关系。先是郑伯希望烛之武去说服秦国退兵，但烛之武以年老为由推辞，郑伯陈述的利弊是"郑国灭亡了，对你也没什么好处”，因为这句话才打动了烛之武，使其愿意面见秦伯。第二次说服是烛之武说服秦伯的过程，核心表达的观点是“灭亡郑国就是在帮晋国增强力量，而晋国强大了，秦国的力量就相应削弱了，同时晋国还是一个贪得无厌的国家，也希望获得秦国的土地。消灭郑国是一件有弊无利的事情”，至此秦伯接受了烛之武的观点，不仅撤兵，还派人协同防守。第三次说服是子犯请求攻击秦兵，晋文公表示反对，因为这是一件“不仁、不智、不武”的事情，同样撤兵了。

春秋战国时代，各国纵横捭阖，固然受各国的军事实力影响巨大，但其中形形色色的人员通过他们的演讲、说服推动了一件又一件看似不可能的事情。不得不说，语言的力量着实强大。

要把“理”讲明白，就要将不同选项的利弊与对方的利益捆绑在一起，从本质上说，人都是自私的，这种自私未必体现在对名利的追求上，而是每个人有自己所关心的事情，关注自己所关心的事情，这就是一种自私。倘若你所陈述的利弊与对方的关注点没有任何交集，那么自然很难引起对方的认同。

电视剧《鹿鼎记》中，陈近南对韦小宝说：“反清复明只不过是一个口号，跟阿弥陀佛其实是一样的。清朝一直欺压我们汉人，抢走我们的银两跟女人，所以我们要反清。”试想，倘若陈近南和韦小宝谈家国大义、民族正统，韦小宝关心吗？又不能当饭吃。“君子喻于义，小人喻于利”，目标是相同的，实现目标的方式却各有不同。

有不同观点的碰撞冲击，所以我们需要在己方观点与对方观点中设立缓冲带，通过迂回的方式与对方达成共识。如果没有观点的碰撞，我们需要做的是一个“证明”的过程，这种情况下的表达就更为简单，只要证明你的观点是成立的即可。

比如在面试中，面试官问道：“如何说服我，让我相信你是一个学习能力强的人呢？”要回答这个问题，用特定的语言结构，比如我们在分析思维逻辑中提到的 STAR 法则就能很好地回答：

> 在上一份工作中，公司临时要求我负责微信公众号运营工作，在此之前我完全没有接触过公众号运营的事项。为了提高公众号运营能力，我通过知乎等渠道学习新媒体运营方法，并结合公司产品及用户人群特点，对公众号的内容及风格进行定位调整。经过半年的摸索与尝试，对公众号的运营有了较为系统的了解，所运营的公众号粉丝数也从 500 人增长至 5000 人，文章平均阅读量从 50 次提升至 500 次。

如果是要求证明，那就用简单直接的数据、案例、行为来证明你的观点即可。运用 STAR、PREP 等语言结构，可以让我们的观点表达得更完整、具体。

如果是要表达“情”，那么我们的侧重点在于“同理心”。通过情景的描述、过程的再现等形式不断强化对于情感的认知。

说“情”的经典，可以阅读魏晋李密的《陈情表》：

> 臣以险衅，夙遭闵凶。生孩六月，慈父见背；行年四岁，舅夺母志。祖母刘悯臣孤弱，躬亲抚养。臣少多疾病，九岁不行，零丁孤苦，至于成立。既无伯叔，终鲜兄弟，门衰祚薄，晚有儿息。外无期功强近之亲，内无应门五尺之僮，茕茕孑立，形影相吊。而刘夙婴疾病，常在床蓐，臣侍汤药，未曾废离。
>
> ……
>
> 伏惟圣朝以孝治天下，凡在故老，犹蒙矜育，况臣孤苦，特为尤甚。且臣少仕伪朝，历职郎署，本图宦达，不矜名节。今臣亡国贱俘，至微至陋，过蒙拔擢，宠命优渥，岂敢盘桓，有所希冀。但以刘日薄西山，气息奄奄，人命危浅，朝不虑夕。臣无祖母，无以至今日；祖母无臣，无以终余年。母、孙二人，更相为命，是以区区不能废远。
>
> 臣密今年四十有四，祖母今年九十有六，是臣尽节于陛下之日长，报养刘之日短也。乌鸟私情，愿乞终养。臣之辛苦，非独蜀之人士及二州牧伯所见明知，皇天后土，实所共鉴。愿陛下矜悯愚诚，听臣微志，庶刘侥幸，保卒余年。臣生当陨首，死当结草。臣不胜犬马怖惧之情，谨拜表以闻。

晋武帝希望征召李密入朝为官，但李密因为祖母年老多病，希望能在家侍奉祖母，拒绝了朝廷的征召。在这篇文章中，李密从自己幼年的不幸遭遇说起，讲述了自己与祖母相依为命的深厚感情以及祖母现已年迈需要照顾的处境，除了感谢朝廷的知遇之恩以外，又倾诉自己不能从命的苦衷，情真意切、极具感染力。晋武帝看了这篇文章后也为其孝心感动，接受了李密的请求。

如同《陈情表》中传递的信息一样，要想让“情”的信息有感染力，描述的重点不在利弊得失上，我们需要不断强化听众对于场景、感受的共鸣。

电影《勇敢的心》中有一段华莱士在战前面向士兵们的演讲，有这样一段对话：

> 华莱士：“我看到我民族组成的军队在这里向暴政宣战，你们为了解放人民而战，而自己也将获得自由。如果没有自由，你会怎么办？你们愿意作战吗？”
>
> 士兵：“不，我们会逃开，这样我们可以活下来。”
>
> 华莱士：“是的，作战我们可能会战死，逃开我们能活着，至少多活一阵子，几年后在床上老去。但你们是否愿意用这些来换取一个机会，就是今天这个机会，回到战场，告诉我们的敌人，他们或许会杀死我们，但他们夺取不了我们的自由！”

电影中，现场演讲较文字描述更有感染力，建议大家看看电影中的表现效果，这是非常精彩的一段战前演讲。

华莱士将即将进行的战争描述为一场为了争取民族独立、人民自由的战争，逃避苟活不如拼死一搏。两军对阵，在己方处于劣势的情况下要说服士兵们坚持战斗，此时如果和士兵们说“我们有战胜对方的机会”“对方很强大，但不代表我们一定输”等观点，士兵们的决心与勇气未必会得到激发，甚至认为必将失败而放弃努力。

华莱士的演讲中通过对战争“价值”的强调，淡化了“失败”可能带来的恐惧，表现出了一个领袖强烈的号召力。

说服的内容中，“情”与“理”应以何者为重，针对说服的事项及对象差异，我们需要灵活调整。没有什么标准或通用的方法能够说服一个人，在人人都是自媒体的时代，我们已经习惯看到太多诸如“掌握这一招，让你轻松说服所有人”“三招让你成为一个说服高手”等文章，基本上都是“标题党”。

在职场及生活中存在各种情景的差异，只有在不断尝试中去总结说服的方法，才能提高我们说服的能力。练习，永远是提高技能及使用水平的最有效方法。

》 第七节

拒绝：原则边界下的合理回应

拒绝，是一门体现情商的艺术

古代，父母安排子女相亲，女生要是看上对方了，就对父母说："女儿还小，终身大事全凭父母做主"。要是看对方不顺眼，就说："女儿还小，还想在父母身边多侍奉些日子。"

每当遇到拒绝他人的话题，我总会想到这段对话。故事中，女生拒绝他人的方式不仅不会让对方认为是自身问题而感到尴尬，还传递了自己孝顺父母的形象，让彼此都能接受。

如何拒绝他人，是一个人情商的体现。

我们往往不习惯拒绝他人，因为从小到大接受的教育告诉我们：帮助他人是一件应该的事情。"能力越大，责任也越大"，帮助他人变成了一种责任、义务，但并不是每次答应他人的事情都是我们发自内心的意愿。不习惯拒绝的人，往往会有以下特点。

- 会因拒绝他人而感到愧疚。
- 在意别人的评价，担心因拒绝他人影响自身形象。
- 无法自由地表达自身感受及意愿、设立自身的边界、维护自身合理的权益。
- 希望通过接受对方要求而在其心中建立良好的个人形象。
- 担心拒绝他人的要求会影响双方的感情、关系。

不是所有人都有上面的问题，但有这些问题的人也不在少数。这些感受的产生，根源在于我们如何看待自己与他人、与社会的相处方式。拒绝他人的核心不在于有哪些话术可以帮助我们拒绝他人，而在于如何正确认识拒绝他人这件事情。

面对一件外部施加给我们的任务、要求，在同样都是接受的情况下有两种方式：主动接受与被动接受。两者的区别在于在做这件事情的过程中你是什么样的感受。

主动接受背后的感受是“我很乐意帮你这个忙”“能给你提供帮助，让我很开心，有成就感”“我有条件在不影响自身工作的情况下，把这事做好并且帮助到他人”；而被动接受的感受是“我不想做这件事情，但你这么说我又不好意思不做”“我还有很多工作要做，还要帮你做这事，烦躁”“又使唤我做事情”。

这些感受的区别，总结起来其实就一个问题：你在帮助他人做这件事情的过程中是开心的，还是不开心的。

被动式的接受往往让我们不开心、不满，甚至愤怒。往往我们不会将这种情绪传递给提出要求的人员，可负面的情绪总归需要一个发泄口，于是身边最亲近的人就成了宣泄的对象，久而久之我们成了他们眼中的“负能量者”“人肉吐槽机”。

你的主管天天让你下楼帮忙买咖啡，你不好意思拒绝，时间久了你跟你同事吐槽：“我真受够主管了，把我当佣人一样使唤，他就不能自己下楼买咖啡吗？”

你去出差一趟，出发前同事跟你说：“听说那个地方的 ×× 质量特别好，你刚好出差就帮我带一些呗。”你从出差变成代购，回来的路上拎着大包小包，回到家里和家人吐槽：“我那个同事真把我当免费代购了，出差一趟给他带的货比我的行李还多。”

很多吐槽、负面信息的宣泄，源头只是一次没有说出口的拒绝而已。

做设计师的朋友肯定经常遇到“帮我设计一份 logo 吧”此类请求，因为外行人不知道其中的工作量，认为这是一件非常简单的事情，“你既然做设计，就顺手帮我做做，也不占用你什么时间，这点忙你要是都不帮，实在是太不够意思了”。你碍于情面，答应了对方的要求，可是手上确实有很多工作，只能在有限的条件下尽可能做了一份好的设计方案。

拿给你朋友一看，朋友心里想“给别人做的设计都那么好，帮我做的时候就敷衍一下”，或者在朋友表露出对设计不够满意时，你的心里想“我都免费帮你做设计了，你还要怎样”，从此彼此看不顺眼。

原本希望传递给对方的形象是“我乐于助人”“我在帮你解决问题”“我是有责任感的人”，但很可惜，这件事情发生后，对方的感受是“你并没有尽全力帮我”“你不重视我、敷衍我”。

如果因为希望通过接受他人的要求来建立良好个人形象而不习惯拒绝他人，我们首先需要知道的一点是：不拒绝他人，从来不会帮助我们建立良好的个人形象；只有把结果做到对方的预期甚至超出对方的预期，才可能实现这一目标。

我们对接触到的人最好的评价是两个字——靠谱。而所谓的靠谱就是“凡事有交待、件件有着落、事事有回音”。每一件答应的事情都全力以赴，言出必行、有始有终，形成闭环。答应别人就意味着承担责任，为结果负责，只有这样才能建立起他人对你“靠谱”的评价。

每个人都是平凡的，也不可能帮助所有人。在职业发展中，适当“自私”点并不是一件坏事。拒绝他人，是每个人的权利。

帮助他人、成就自己是对的，合理拒绝他人也是对的。事事都接受的人往往很难建立起他人的认同感，甚至向他人传递“软柿子”“好好先生”的形象，没有见过哪个软柿子在职场上能发展得很好的。

答应他人，然后不情愿地去做好一件事情；或者答应他人，又随意去做一件事情，要么是伤害自己的感情，要么是伤害他人的感情。

建立你的拒绝行为边界，让拒绝更得体

对他人要求的拒绝，建立在明确知道我们应当拒绝哪些事情。事事都拒绝是不合理的，倘若如此，只能证明你是一个自私自利、不愿帮助他人的人，自然很难获得他人的认同。当自己有需要时，也无法获得他人的帮助。“君子有所为，有所不为”，在拒绝他人之前，首先需要建立我们的拒绝行为边界。

每个人对于拒绝的行为边界标准不一，结合我们日常工作生活中可能遇到的情况，以下类型的要求可以视实际情况予以拒绝。

1. 超出能力范围而力所不及的事情

当对方提出的要求超出你的能力范围而无法满足时，答应对方的要求是一种不负责任的行为，因为你的行动结果无法达到对方的预期，甚至因此对其造成影响。这种情况下，如果我们决定接受对方的要求，前提是告知可能无法达成的风险，降低对方的心理预期或者寻找替代性的解决方案。

不要认为提前告知对方无法达到其要求会没面子，真正没面子的是“答应对方，却做不到”。

2. 帮助对方完成任务，却不能帮助对方成长的事情

一件事情，我们“能做”不代表我们“应该做”，此类事情通常是对方职责范围内的事情，比如“要做年终汇报了，我 PPT 做不好，你帮我做一份 PPT 吧”。我们知道这本应该是对方自己需要解决的问题，即使我们帮助对方完成任务，却对其能力的提

升、个人的成长毫无价值。总有一天，他需要独立面对同样的事情，越是提供帮助，其实越是在阻止他的进步。

当然，在特殊情况下，我们可以予以支持，但此类事情不应该长期予以支持。

3. 与自身工作任务形成冲突、无法兼顾的事情

在自身工作任务繁重、时间紧凑的情况下，没有条件抽空对他人的要求予以支持时，我们可以拒绝。这与我们是否愿意帮助他人无关，而是不具备帮助他人的条件，如同之前章节中提到的，在职场中我们应该负责的第一个人是自己，其次是直属上级。

自己的成长目标、上级的任务安排，这是我们的职责所在。倘若自己的工作都完不成而去帮助他人做些价值不大的事情，就是本末倒置了。

4. 与自身价值观冲突的事情

比如我认为同事间哪怕存在上下级关系，人格也是平等的。领导可以叫我帮忙买咖啡，但不能使唤我去买咖啡，我是来工作的，不是来给领导买咖啡的。价值观的冲突是无法调和的矛盾，接受此类要求后也最容易让我们产生不满、愤怒等情绪。

陶渊明能够不为五斗米折腰，我们在工作中固然不应意气用事，但正确的价值观是应当坚持的。

5. 被他人道德绑架的事情

朋友圈中最经常发生道德绑架事件，比如“不转不是中国人”，同样在职场中也存在诸多的道德绑架，如“你人这么好，一定会帮我的”“年轻人嘛，吃点亏、多做点是应该的”。如同坐公交车被逼让座、企业家被逼捐款一样，针对道德绑架，我们没有答应的理由。

当然，除了这些情况外，还有其他情况下我们可以拒绝他人的要求，建立拒绝的行为边界，是对自身负责的行为。有了行为边界，拒绝的原因不再是“我不愿意帮助你”，而是“你越界了”。在减轻自己愧疚感之余，也让对方明白我们的边界是什么，避免“越界”的要求重复发生。

将拒绝变成往情感账户存钱的行为

在建立拒绝的行为边界基础上，他人提出越界的要求时，我们的拒绝方式就尤为重要。在讨论如何拒绝他人时，其实讨论的是如何拒绝他人的同时不影响双方关系，不至于让对方心生不满。这也是在进行“拒绝他人”这一沟通行为时应当达成的目标。

人与人之间沟通及相处的过程中是存在情感账户的。当你的行为增强了双方的信任、拉近了彼此间的距离，就是在往双方的情感账户中存款，比如一次卓有成效的指导、一次雪中送炭的帮助、一次排忧解难的倾听。同样在工作生活中，也有很多从情感账户中取款的事情：比如只知索取、不知回报，对他人误解与伤害，忽视他人的感受等。

往情感账户中存款的行为，能够让双方的关系更加巩固，而从情感账户中取款的行为则让彼此关系逐渐疏远。当一个人习惯了从情感账户中取款却不存款，总有一天，情感账户中的余额变成零。此时若继续取款，终将导致情感账户的透支，直至有一天这个账户被注销，两人的关系完全破裂。

拒绝他人同样是一种从情感账户中取款的行为。站在对方的角度看，我是有需要才找你帮忙，而你拒绝给我提供帮助，这无疑令我不悦。在拒绝对方的要求时，能否在对方接受你的拒绝之余尽可能减少从情感账户中的存款金额，甚至变成一种往情感账户中存款的行为，这是对我们拒绝他人时的巨大挑战。

拒绝他人时可采用的话术与提出要求的对象是什么角色有很大的关系。如果是我们身边的亲朋至交，拒绝无需太多话术技巧，越是直接拒绝，越能体现你对他的信任与亲近。

倘若用过多的技巧或解释，反而让对方觉得不够真诚，似乎是将他与普通关系的人同等对待。比如当你回老家过完春节后要回城工作了，母亲给你装了一袋又一袋土特产，你会直接说："妈，不要拿那么多东西，带不动。"但如果是隔壁邻居给你拿了一袋特产，你会跟他说："实在太谢谢了，不过长途跋涉，东西也不方便携带，行李又多。您的好意我心领了，真的不用送东西给我了。下次回来时，我给您带些好吃的。"同样的方式也体现在我们与要好的朋友、同事的交流上，我们不会担心直接拒绝后他们会有什么想法，不会担心是往情感账户中存款还是取款了。

拒绝需要方法，更多在于普通关系的朋友与职场同事、合作伙伴之间的要求上。如果说需要对拒绝的技巧做个概括，我的观点是：态度明确，表达委婉。

1. 态度明确

指的是面对别人提出的越界要求时，你必须明确地表示自己的态度：我没办法提供帮助。我们需要给予对方明确的信息，而不是模棱两可。倘若你拒绝对方的方法是“过阵子吧”“先等等”“我考虑考虑”“有机会再说吧”，这种策略是“拖”，我不答应，也不拒绝，先拖着，这样就给对方留下遐想的空间：他只是这次拒绝我，下次找他帮忙还是可以的。于是这次过后，还会有第二次、第三次要求，只会让我们不堪其扰。

态度明确不意味着用强硬的态度拒绝对方，倘若面对所有的越界要求，我们只有一句话“不好意思，这事情我帮不了你”，只会让对方觉得你不近人情。他并不知道你拒绝的原因是什么，于是习惯性去猜测、臆断你的理由，如“你就是不想帮我”“你就是对我有意见”。表面风平浪静，谁也不知道背后的想法是什么。

2. 委婉表达

委婉表达关键点在于，给拒绝对方的行为找到一个合理的解释。最常用的解释是“不是我不想帮你，而是有其他因素限制着，使我没办法帮你”。

比如隔壁部门的同事找你帮忙做件事情，你可以说：“真不好意思，实在是抽不出身来，领导安排给我的工作还有一堆没做完。你看我的计划表都是满的，我自己的活都干不完啊。”

比如你作为部门主管，朋友推荐了一个人，希望你在招聘时给予方便，你可以说："我们公司现在招聘卡得可严了，我部门用什么人压根不由我说了算，人力资源部和总监通过了才算。"

如同我们在本章开篇时提到的相亲时女方拒绝对方的说辞，表达的意思是："不是我看不上你，只是我还要侍奉父母呢。"

一个合理的理由，能够让对方更容易接受，也避免直接拒绝带来的尴尬，给对方一个退步的台阶。但仅仅找到对方能接受的理由还不够，要想将拒绝对方这个从情感账户中取款的行为变成存款的行为，我们需要更进一步。

对方向你寻求帮助，提出要求只是对方想到的解决问题的方式，他真正需要的不是你的帮助，而是问题的解决方案。

所以，在拒绝之后，补充上一段你对于他所遇到问题的解决方案和建议，或者深入补充说明你拒绝的原因。这样即使不能提供帮助，对方也会认为你在努力帮他想办法解决问题。

比如你认为是对方本身职责所在，应该自行解决的问题，可以说："这个问题解决起来并没有你想象中的复杂。我跟你说下大概思路，你再试试看能不能搞定。这样下次再遇到类似问题时，你就能独立解决了，也有利于你后续的工作开展。"然后跟对方介绍下你的经验与方法。

比如朋友希望你在招聘时予以方便，你可以说："既然是你推荐的人，我相信你也是认可他的能力的。可以把简历发我，我转给人力资源部。这样内部推荐的话，人力资源部也会更重视些。"

比如超出你能力范围的事情，你可以说："这个问题，隔壁部门的老李比较有经验。你可以向他请教一下。"

记住，提出要求的人，他们需要的不是你的帮助，而是问题的解决方案。是否用他希望的方式提供帮助不重要，能解决问题才重要。

在职场中，我们需要拒绝的不仅仅是对方的要求，也可能是对方的帮助、赠予。不同的场合、情景下，我们可采用的拒绝方式是不一样的，以往情感账户中存钱为目标，用委婉的方式表达明确的态度，这样才能让我们坦然地提出每一次拒绝。

》 第八节

指导：灵活处理，正确传递你的信息

走心的主动指导，提升对方的认同感

在给他人提供指导时，沟通过程中包含了指导的内容与指导的方式两个维度。两个维度都正确的情况下，方能实现帮助对方掌握相应的技能与方法的目标。基于此，工作指导过程中可遵循以下两个原则。

1. 在指导内容上，授人以鱼不如授人以渔

我们需要传递给对方的不是问题答案本身，而是答案背后的解题思路与思考方式。在职场中，我们遇到的问题往往不是一个问题，而是一类问题，今天遇到的问题，明天可能依然会发生。只单纯地传递问题答案可能会让我们单次沟通的效率很高，但不

一定能帮助对方掌握正确的方法，如同老师在课堂上说完一道题的答案后还要讲解一下解题思路一样，重要的不是答案“是什么”，而是答案“为什么”。

2. 在指导方式上，引导思考而非灌输解决方案

我们直接告诉对方答案，或者直接告诉对方问题的分析思路，但对方的吸收效果都不如通过他们自身的思考得出的效果。如同在分析如何进行提问的章节中曾提到的追问式提问方法，每个人对于一个问题都有自己的想法与思路，多问对方“为什么”“你怎么看”等问题，引导对方说出他自己的观点及思考。因此，在指导他人的过程中，更多需要我们做的是对其想法、思路的引导、纠正和总结。

在“授人以渔”及“引导思考”这两个原则下，我们在指导的过程中还需遵循以下行为逻辑。

1. 认真对待指导行为

在指导的过程中不应让对方产生你不耐烦，甚至敷衍解答的感受。从指导的效果上来说，对方对你传递的态度感知远超过你所传递的解决方案，这就是为什么有时候我们宁愿去请教一些不那么突出但比较热心的同事，却很少去请教那些非常优秀却冷若冰霜的人。在指导过程中，要展示出你的认真与耐心。如果是当下有其他工作不方便指导，可以另行约定时间，也不要敷衍了事。

2. 用对方所能理解的语言来进行指导

在同一个问题面前，每个人所掌握的基础条件是不一样的。

有些你认为是基础的操作，但对于他人而言却是从未接触过的知识，所以要基于对方的认知水平进行内容讲解，同时不要对他人的知识水平予以评价。

比如小 A 向同事请教如何进行部门销售数据分析，可能有下面这两段对话。

对话 1：

“你可以先匹配出每个部门上个月的销售情况，然后对不同部门的销售数据进行分析。”

“怎样快速进行数据匹配呢？”

“用 vlookup 函数啊，这你都不知道？”

对话 2：

“要做上个月的销售数据分析，首先需要对每个部门的销售数据做个汇总。目前的销售报表中，数据是分人列出的。你可以结合人员的部门归属情况表，用 vlookup 函数来进行每个人员的所属部门匹配，这样就能快速汇总部门数据。之前有用过这个函数吗？如果没有用过的话，我给你演示一下这个函数的使用方法。”

第一段对话中，容易给小 A 带来一种“我很无知”“我被嘲笑”的感受，而这种感受可能带来自尊心的打击。为了避免这种感受的再次发生，小 A 甚至可能在后续遇到问题的过程中不再向他人提问。了解对方的知识构成基础，并根据该基础进行指导，能让对方在获得问题解决方案的同时，提升对你的认同感。

3. 根据对方需要主动指导

因为个人性格的差异，不是所有人在遇到自己无法解决的问题时都会主动寻求他人帮助。可能是没有勇气提出问题，如同我刚进入职场时，提问前都会在内心斟酌再三才提出来；也可能是过度放大了提问的影响，担心会影响到他人工作，心想对方是否方便进行指导。

部分人甚至会认为向他人请教是自己能力不足、让自己很没面子的行为，其中的原因多种多样。我们不能要求所有人都主动建立起“不懂就问、积极请教”的习惯，但当我们作为一个团队管理者或者部门老员工时，如果看到下属或同事遇到问题无法解决，主动予以指导或交流，不仅对问题的解决有帮助，也有助于双方关系的建立与维持。

让对方完整理解，指导后的检查不可少

基于指导过程中的注意事项及沟通目标，我们可以采取以下步骤来开展指导沟通。

1. 指导前的交流

如同前文所提到的，每个人在面对问题时所掌握的基础是不一样的，只有结合对方的基础及需求进行针对性的指导，才能兼

顾指导的效率与效果。交流中可以通过以下语句进行了解。

“之前有做过类似工作吗？怎么做的？”（了解对方的经验及方法认知）

“对这个问题有做过思考吗？你觉得可以如何开展？”（了解对方当前的思考内容及方法）

“你希望了解的内容是关于 ×× 问题的解决方案，是吗？”（定位对方希望了解的信息）

通过上述交流，可以得出对方的知识水平、能力构成、已有问题的思考及结论等内容的画像，从而进行针对性的指导。

2. 内容讲解与演示

对具体的方法、操作等内容进行讲解与演示，如果需要指导的内容比较复杂，则在讲解演示过程中将其进行分解，按照步骤、流程、要点进行逐项说明。

不要试图一次性将一个复杂的问题说清楚，信息量越大，对方理解起来的难度也越大。在讲解演示过程中，可以将内容分成三个部分：是什么、为什么、怎么做。

在前面章节中对于不同场景的沟通方法分析中，也都是围绕这三个要点来展开的，比如讨论如何布置任务时，我们介绍了如下方法。

- 是什么：任务布置后需要让任务接受者复述任务内容及

要求。

- 为什么：沟通漏斗的存在会导致信息在传递过程中的流失，产生理解偏差。

- 怎么做：严格按照五步工作部署法，在不断重复与交流中，确认对方对任务的理解及行动计划。

把这三个部分的内容都讲解清楚后，不仅能帮助对方做到“知其然”，更能做到“知其所以然”，达到指导中“授人以渔”的效果。

在讲解演示的过程中，要给对方提问的机会，并关注对方的理解程度及反馈信息，询问对方是否理解你所表达的内容，必要时进行第二次、第三次的讲解与演示。我们可以用以下话术来确认对方的掌握情况及引导其提问。

“对于刚才讲的这个点，有什么疑问吗？”

“有什么不理解的，可以随时提出来。”

在讲解的过程中，不同人员对于讲解内容会给出不同的反应。自认为比较聪明、思维活跃的人，在你讲到七八成时可能就会想“原来是这样，我已经了解”，甚至加上一些他们自己的理解与发挥，比如他们会说：“这几个步骤下来太烦琐了，完全可以精简，更方便快捷地解决问题。”

当然，能够进行发散性思考并得出自身的见解是一件值得肯定的事情，但也要避免因为认知局限带来的结论错误。所以在过程中发现可能存在的错误风险要及时强调，比如“可能我们会想着说能不能对这几个步骤进行简化，简化后虽然看起来解决问题的效率更高了，但可能带来比如 ×× 方面的问题。所以，还是应该按照刚才提到的流程步骤一步步操作”。

教育中提倡“因材施教”。同样，在指导过程中，我们也要基于对方的特点采取差异化的指导方式。有些人应该多予以鼓励，而有些人则该多加以提醒，这是在进行指导过程中需要分析的重要内容。

3. 要求练习 / 复述并纠正

很多时候，指导的效果不理想，原因不在于讲解的方式、方法有问题，而是缺少对被指导者接受程度的检查。指导的时候不能仅仅停留于内容的讲述或操作演示上，不仅要做一个内容的输出者，还要做对方接受情况的检查者。

前者是我们指导时都会进行的动作，但检查者的角色常常被忽略。如同在下达任务时需要通过“五步工作部署法”来确认对方对任务的理解是否与下达的信息相一致一样，在指导过程中也需要通过不断提问、确认、练习，来确认对方是否完全掌握了我们所传递的信息。

可以采用以下话术来确认对方是否完整理解了你所传递的信息。

“你试着把我刚才讲的内容复述一遍。”

“刚才介绍的操作流程，你来演示一遍。”

“如果别人向你请教这个问题，你能说明清楚吗？”

“把我当作向你请教的人员，你来教我一下。”

如果是操作类的指导，就让对方进行操作练习演示，并在练习过程中对操作要点、步骤流程进行说明；如果是方法思维类的指导，就让对方复述你所传递的信息，并要求其转化成自己的语言进行表达。当对方的操作演示及内容复述与你所传递的一致时，才能表明其已经掌握你所传递的信息，这种检查是在指导过程中必不可少的一部分。

4. 指导后的检验与跟踪

到目前为止，似乎我们的指导工作已经圆满结束，对方也掌握了相应技能内容。但我们的指导真的已经结束了吗？

没有！古人说“送上马后还要扶一程”，现场的指导只能算是“送上马”的操作，但当下交流的场景与实际工作中的场景总会有差距。当下的理解与应用没有问题，并不代表在工作过程中的应用没有问题。

对于被指导者而言，一个问题进行过一次请教后，若依然存在不理解之处或应用上的困难，很多人会停止进行二次的请教。因为同一个问题问两次，会显得自己学习能力太差，担心影响自己在对方心中的形象。所以，我们还要主动做好指导后的检查与跟踪工作。

观察对方在实际工作过程中对于所介绍的方法应用的情况如

何、提问的问题是否得到解决、操作过程中是否存在偏差等，这些都是需要去关注的。过程中如发现方法应用有出入的情况，则需要及时予以纠正。

但直接观察与纠正，往往会让对方产生一种不自然的体验，甚至有“你一直在监视我工作”的感受。对于这个问题，可以通过指导结束时主动要求对方反馈问题的解决情况来获取信息，或者共同制订行动计划。比如以下话术。

> “用我们刚才讲的方法，你再重新尝试一下。完成后告诉我情况如何，是否有遇到新的问题。”
>
> “对于刚讲述的方法应用效果及问题解决情况，回头告诉我一下，这样也可以进一步优化问题的解决方案。”
>
> “后续工作中如遇到问题，可以随时提出来，一起探讨吧。”

观察对方的方法应用情况，确认问题得到解决后逐步放手，让对方独立开展工作，在指导对方的同时，可以进一步加深双方的职场关系。

每个人都有需要向他人请教的时候，也都有成为别人老师的时候。在给他人提供指导时，可以想一想我们希望别人如何指导我们，用我们希望获得的指导方式去指导他人，这样，我们终将成为一个好的指导者。

》 第九节

倾听：先听后说，开口之前先攻心

换位思考下的倾听，是有效的沟通方式

小时候看《三国演义》，看到诸葛亮舌战群儒，凭三寸不烂之舌说得江东众多辩士哑口无言，最终结成孙刘联盟，共抗曹操，我不禁心向往之。以至于很长一段时间，我对沟通能力的评判标准是一个人是否“健谈”“有气势”“能否带动氛围”“随便一个话题都能聊很长时间”，并以“能多说”为沟通能力的学习方向。

随着年岁的增长、阅历的积累，我逐渐意识到“能多说”与“沟通能力强”并没有必然联系。话不在多而在精，沟通的目标指向问题的解决与双方信任关系的建立。倘若这两个目标无法达成其一，再多的语言表达也只是无用功，甚至对目标达成起到负

面作用。

除了表达内容本身，在信任关系的建立过程中，“情”更重要。一段对话中，对方会根据你的专注度、投入的情感、传递的信息等内容，形成对你的综合态度评价，进而建立信任关系。

倾听正是沟通过程中情感信息传递的重要方式。作为一个表达者，对方对我们表达内容给予什么样的反馈，会直接影响我们表达的意愿。比如当你感觉对方心不在焉时，会自然产生“算了，反正你也没兴趣听，那我就不讲了”的想法，所以心理咨询师最基本的工作就是倾听咨询者描述的话语，进而通过引导，进行深度的信息挖掘与分析。

倾听是一项必须具备的沟通技能，同样也是一项重要的沟通方式。有一个关于表达与倾听的段子：

“为什么人只有一张嘴，却有两只耳朵？”

“因为上帝告诉我们要多听少说。”

这个段子给予的解释当然是牵强附会，但“多听少说”这个观点不无道理。有时，倾听确实比表达更重要。

很多时候，我们会忽略对倾听能力的练习，是因为我们把“倾听”与“听”当成一件事情，但这两者的差别巨大。“听”是一种与生俱来的能力，我们听见对方在说话、听到电话里头传来的语音信息，这是人对声音的一种生理反应。而倾听是将声音转化成你的理解行为。我们需要对声音中所传递的信息进行加工，分析对方表达的是什么、在对方表达过程中及结束后可以给予什么样的反馈等。这些都是在倾听过程中需要思考的问题。

倾听不代表沉默，对方表达的过程中，你一言不发，反而会陷入冷场，造成尴尬。倾听也不是抑制表达，而是在对方发表有效意见时，我们应该表现出的沟通态度。其中包含了对对方个人的尊重、对其继续表达的支持、对其表达内容的理解等要求，在对方的表达结束后可以再进行自身的内容陈述。

倾听，其实是一种换位思考方式下的必然结果。我们去观察身边那些善于倾听的人，会发现，他们都是能够站在对方的角度思考问题的人。而一个习惯以自我为中心的方式进行思考的人，往往很难做到高质量的倾听，因为他压抑不住内心表达的欲望。

“我想说”“我有很多观点想要表达”“我有不一样的意见”等想法喷涌而出时，克制我们的表达行为并不是一件容易的事情。在职场沟通中，表达指向解决方案的输出，而倾听则指向情绪感受的交流。当习惯以自我为中心的思考方式时，我们对解决方案的输出给予更大的重视与更高的优先级，而忽略双方情绪感受上的交流与互动。

用换位思考的角度去看待沟通行为时，我们首先想到的问题是——在这次沟通中对方希望我给予什么反馈。人们每一次发起的主动沟通都抱有预期，可能是希望获得肯定，可能是情绪得以宣泄，也可能是疑惑得到指导。

基于对方预期结果的不同而给予不同的应答方式，这样才能在一次沟通结束后，使对方得到良好的沟通体验。

有件事情我始终印象深刻。一次我太太下班回到家，跟我讲起了一天工作下来的事情。她讲了一段内容后，我突然感觉有件事情可能有更好的处理方式，于是打断了她的描述："你这种处理是不对的，你应该……"两人针对这个问题开始了一段拉锯战式的讨论，进而演化成争论，最终结果自然是谁也说服不了谁。

本来无休止的讨论，最后在我太太的一句话中结束了："你知道吗？我跟你讲这些事情只是因为一天工作下来事情这么多，已经挺累的了。和你说说，能让我放松放松，不是在征求你的意见。你刚讲的那些，我都懂，也都理解。但如果你换个时间再讨论这些事情，我会更容易接受，也就不会有刚才的争论。"

我平常自诩在沟通上的表现还是不错的，但自此以后，我深刻意识到其实并不是我想象的那样。及至今日，我依然认为我的沟通水平还需要多加学习和改进。在文章中，要写清一段技巧、方法是一件简单的事情，而在工作、生活的处处场景中要加以应用则是更高层次的挑战。

上述场景中，如果是另一个人讲述同样内容，我未必予以反驳。但因为讲这段内容的人是我太太，彼此关系太亲密，反而会变得不在意，最终这种不在意就变成我想到什么就想表达什么。

在亲密的人面前，我们习惯放飞自我，用让自己舒服的方式来表达。这也是沟通中，我们容易进入的误区。

正因为工作、生活中处处存在这样的小误区，我们才需要重新去审视如何倾听这件事情，让倾听成为一种有效的沟通方式。

倾听四步骤，表达之前先会听

学习如何做好倾听行为的基础，就是要学会克制我们表达的欲望，懂得在沟通中做好一个配角。沟通不是一件需要去争胜负的事情，它不是辩论比赛或者演讲比赛，有裁判和观众来判定双方的胜负关系如何。

多数情况下，我们习惯于享受当主角，站在聚光灯下接受他人投来瞩目的眼光，所以尽可能想去表达自己。工作中争高低、比赛中拼胜负，这些都是积极的表现。但这种心态并不适合沟通这一行为，沟通没有胜负之分，却有关系建立效果的好坏之别。

有了对表达欲望的克制基础，在一段沟通过程中要做好倾听工作。需要做的第一件事情是思考沟通对象的沟通需求及目标：在接下来的对话中，对方希望得到什么，需要我扮演一个什么角色，我要做到哪些事情。

把这问题厘清后，在开展一次沟通时就有了方向。在职场不同场合的交流中，我们都存在不同的沟通需求：

面向上级汇报工作时，需求的是上级能知道工作情况并给予反馈。

遇到问题向同事咨询时，需求的是对方能提供问题的解决方案、建议，并对请教行为予以认同。

当被客户投诉而感到委屈向他人吐槽时，需求的是缓解内心的委屈感，尽快恢复正常的工作状态。

沟通效果的差异，很大程度上来自于我们实际扮演的角色与对方预期的错位。有时对方希望你是一个情绪的宣泄口，但你非要当人生导师，讲哲学、讲道理；有时对方希望能够从你身上获取经验、方法，但你始终在强调一些无关痛痒的心灵鸡汤；有时对方希望和你分享他的喜悦与收获，你却不为所动，还大泼冷水。

种种落差之中，问题并不完全在于你所讲述的内容本身，而在于你讲述内容的方式、时机是否恰当、合适。

正因沟通需求的差异，表达者希望站在对面的人员能够通过不同方式满足其不同的需求，甚至超出预期需求，我们需要扮演的角色可能是长辈、老师甚至是知心姐姐。如何根据对方的需求差异采取针对性的沟通策略，这是我们回应他人的交流请求时需要考虑的问题。

基于需要扮演的角色差异，当我们需要做好一个倾听者时，可以从以下几个步骤着手。

1. 感知：捕捉话语背后的信息

倾听对方表述的内容，提取内容背后的顾虑、疑惑、喜悦等感受，并将这些感受转化成我们的语言表达出来，如以下话术。

“听起来好像你感觉……”

“你刚刚是说……”

“因为这件事情……所以你觉得……是吗？”

确认对方表达的内容与你的理解是否相一致。只有在一致的情况下，后续的交流才有意义。不仅如此，感知内容确认的背后也在向对方传递一种信号：我在认真听你说的话，我听到了很多信息，我希望能进一步确认这些信息。这些信号的传递，对于拉近双方的距离都有正向的推动作用。

2. 理解：表示对其感受的理解

当一个人在倾诉某件事情时，被理解的需要远超过被同情、被指导等其他方面的需要。在日常生活中，我们会有一种感受：有些人懂我，有些人不懂我。只有在对方懂我的情况下才可能进行深度交流，否则只能是泛泛而谈。

懂与不懂的差别，其实就在于能否理解对方言语背后的感受。这个过程中。我们需要表现出“同理心”，即使对方讲述的感受与我们认为的正确方式有所偏差，应予以纠正，我们也不应通过直接对立的反驳或教育方式来使对方知晓。

同理心倾听的表现，在交流过程中可以通过两个步骤来开展：首先判定情绪，然后给对方的情绪或行为找到合理的解释。

每一种表达背后都蕴含不同的情绪，而不同的情绪代表不同的需求。我们会对交流过程中对方的情绪贴上标签。这个标签往往来自我们的第一感受，但未必客观准确。我们可以看下下面这句话中表露出了什么情绪：

“这个客户跟了两个月，本来说好这周签合同的，但临时变卦，说不签了。”

可能是失望,经过两个月的努力,没有得到预期的结果。

可能是焦虑,面对客户临时变卦的行为不知如何应对。

可能是愤怒，对于客户言而无信的行为无法接受。

可能是崩溃，努力了两个月，本来指望着这个月签单完成业绩，现在又完不成指标了。

可能是坦然，没什么关系，这个月没搞定，下个月继续争取机会搞定。

在工作、生活中，我们给予对方的反馈往往基于对情绪的直觉判断。比如对方跟你说完这句话后，你会自然地说“没关系啊，下个月继续争取机会”，这种回复在对方的情绪是失望、焦虑、愤怒等背景下时，都无法给对方传递认同感。

情绪之所以需要判定，正是因为情绪是多样的，靠直觉给出的情绪判断未必准确，需要在对方表达信息的基础上进一步挖掘、确认。可以从对方表达的方式作为挖掘的切入点，比如在表达中有一些语气词。这种语气词往往代表着某种情绪，同时对方讲述的语调、语速、表情等都可以成为我们进行情绪分析的入口。

对情绪进行判定后，第二件需要做的是给对方这种情绪或行为找到合理的解释，给予正向确认。

比如同事说今天被一个客户投诉了，而且投诉的理由毫无道理，再也不能忍受在这个岗位上三天两头地受气了，要辞职。此时，我们需要表现出对这种感受的理解，可以用这样的语言进行正向确认：“这个客户确实是太过分了，换作我，估计也不能忍。这分明就是对我们的不尊重。”

这句话向对方传递了一个信息：你之所以有这种感受是非常能理解的，我感同身受，不是站在你的对立面和你讨论问题。

有了这层信息的传递后，才能展开后续的评判与建议。试想，如果没有这句话的铺垫，而是直接说“你不应该这么想，客户这么做肯定是有原因的……”，对方未必会接受我们的观点。

3. 反馈：基于对方的沟通需求给出合理反馈

对对方表达内容的感知与理解，是为了给展开对方需求内容的反馈提供铺垫。至此，我们可以基于对方的沟通需求进行指导、建议、安抚和确认等行动。相应的方法，可以参照其他章节的分析内容。

4. 总结：以概括性的语言结束这次交流

当双方经过一番交流准备结束这段对话时，用概括性语言表达你这次交流的感受，能进一步增强对方的信任感。比如以下内容表述。

> “你能信任我，和我讲这么多内容，我真的很高兴。”
> “今天的交流让我收获很多，也希望对你有帮助。”
> “很高兴能听到你的分享，以后可以经常交流。”

这些语言其实都在向对方传递这次交流过程中我们的感受是什么，是对整场交流下来的总结性评价。根据对方与我们的亲疏关系、身份关系，则有不同的表达方式。特别是在双方尚未建立足够深厚的情感关系认同时，此类信息的传递更加关键。

双向交流的倾听，更能“声”入人心

如同前文所说的，倾听并不代表沉默，在沟通中都需要我们使用适当的语言来传递不同的信息。倘若没有双向交流，二者的对话就不能构成一个完整的沟通闭环。在围绕以上四个步骤进行倾听的过程中，还需要注意以下几点。

1. 倾听过程中必须体现你的专注

在对话过程中左顾右盼、眼神飘忽，对方说话时你在玩手机、刷资讯等，这些行为都在给对方传递一种很不友好的信号：你并没有在沟通过程中完全投入；或者你讲的内容没什么意思，使我无法集中注意力。这样不仅降低对方的表达意愿，更影响你在对方心目中的印象。当对方在表达时，虽然我们没有发言，但依然可以用多种方式表示专注，比如以下几种方法。

- 口头语言反馈：“嗯”“是的”“没错”“然后呢”“我明白”等。
- 肢体语言反馈：保持眼神的交流、适当点头、适时微笑等。
- 放下其他的工作：只进行与对方的交流这一件事情，不要一心多用。

有效倾听的前提建立在对沟通行为的重视与投入上。让对方感受到“我对这件事情很重视”是推动对话深入进行的有效工具。

2. 不要轻易打断对方的表达

在对方表达时，除非必要情况，否则不要终止对方的表达，给对方完整表述的机会，同时也帮助我们了解更完整的信息。

3. 不急于下结论、作判断

在获取到完整的信息前，不要轻易下结论或作判断。在表达观点与判断前，先思考对方的行为原因有哪些合理的解释，避免直接使用诸如“这事情你做得不对”“你想太多了”“这些不是你应该考虑的事情”等语句来对对方的想法、观点进行结论判定。

即使当我们想表达这些信息时，也可使用试探性的对话方式来进行引导。比如“你觉得这个事情还有其他解决方案吗？”“想这么多，其实也不能解决问题，是吗？”“相比这个问题，如果我们把关注点放在另一个问题上，会不会对事情的推进更有帮助，比如……”在倾听过程中，我们更多的是需要进行引导，而非告知。

倾听是一件看似简单，但要做好却并不容易的事情。倾听的背后，是包容、理解、换位思考，是同理心反映。这些正是我们在与人相处过程中容易对他人产生好感的因素所在。

对于倾听的方法应用，可以从工作中的被动倾听开始练习，拓展到主动引导他人表达时的主动倾听。到那时，当你告诉另一个人“我有酒，你有故事吗”时，相信会有更多的人愿意和你分享故事。

》 第十节

请求：引导对方思维，巧妙应对不尴尬

心明眼亮，分清情感驱动与利益驱动

上大学那会，我和几个学长一起成立了个小公司，给企业提供校园宣传活动的策划与执行服务。有次接到了一个做社会问卷调查的任务，为了回收足够数量的问卷样本，我们召集了十几个学生在商场、路口等人流量较大的位置邀请他人进行问卷填写工作。

当时智能手机还未出现，也没有线上问卷表单等工具，只能通过手写问卷的方式进行信息收集。一天的任务结束后，我们发现不同人员回收的有效问卷数量差异巨大，有的人能够回收几十份有效问卷，有的人则寥寥无几。

我好奇于数据差异背后的原因，于是第二天重新召集大家做了交流，发现即使是邀请填写问卷这个简单行为的背后也蕴藏着科学的工作方法。问卷回收数量最多的那位同学和大家分享了这样一段话：

> 因为填写问卷是一件挺麻烦的事情，而且做这件事情，他得不到任何回报，所以在邀请他人填写的过程中就需要尽可能降低这件事情的难度，让对方更容易接受。一般在开始的时候，我会表明我的学生身份，表现得亲和些，这样对方不会有太多怀疑和顾虑。然后说一下这份问卷的主题和目的是什么，大概需要多长时间可以填写完，让他明确自己需要做什么。
>
> 在调查过程中，我采用的方式是我来提问问题并填写答案，对方只要回答问题就可以了，这样不仅降低难度，还能在问答过程中和对方多进行一些交流。不然他在一边写，我站在边上看着也挺尴尬的。
>
> 选择哪些人填写问卷也很重要，不要找那些行色匆匆的人，他们一般没有时间填写。选那些在等待、散步等比较空闲的人，他们愿意填写的成功率会高很多。

把这段话中对于请求他人填写问卷的技巧做个梳理，我们能大概形成一个如何请求他人协助的方法总结。

- 拉近双方的距离（表明学生身份，阳光微笑）
- 寻找合适的对象（有时间条件、能够帮忙的）
- 明确请求的需求（介绍问卷主题，需要多长时间）
- 创造条件，降低难度（问答形式，获取信息，不要求直接填写）

当然，除了这些要点外，在请求他人予以支持或帮助时，我们还有很多需要注意的事项及可使用的方法。要推动对方给我们提供帮助，首先需要知道一个人帮助他人的动机来自哪里。

在工作、生活中，我们都得到过别人的帮助，也都帮助过别人。当我们去审视这些帮助与被帮助的行为时，会发现帮助他人的动机无非两个方面——情感驱动与利益驱动。

当提出请求的人和我们有深厚的感情关联，比如你的亲朋好友，此时不论对方提出的请求是否在我们能力范围内、难度多大，我们都会尽可能去尝试、帮助。同样，在没有感情关联的情况下，我们会因为对一个人责任感、保护欲、同情心、认同感等不同的心理感受做出满足对方请求的动作。在这种动机下，我们不会去计算帮助对方是否给自己带来什么利弊得失、值不值得，只因为我们认为提供帮助是一件应当的事情。

与情感驱动不同，利益驱动是考虑是否给一个人提供帮助时，我会考虑提供帮助这件事情需要付出什么成本，又能够获得什么利益。在职场或者商业合作中，很多情况下，沟通双方并没有感情关联的基础，于是，对于利益的考量就变得重要了，这也是我们作为请求提出者会面临的困难。

其中的利益不仅包含物质上的利益，还包括诸如获得对方认同、建立双方关系、提升个人能力等非物质方面的利益。当一个人认为向他人提供帮助能够获得自身想要的结果时，同样也会做出提供帮助的决策。

无论是情感驱动还是利益驱动，最终都指向我们对一次帮助他人的行为的感受判断——这件事情值不值得。给朋友提供帮助值得，帮助他人能够获得利益也值得。同样，当我们作为请求提出者时，要想获得他人的帮助，首先需要思考的问题是：怎样让对方认为给我们提供帮助是一件值得的事情，应该通过情感的方式还是利益的方式来推动对方提供帮助这一行为。

在对方认为提供帮助是一件值得的事情的前提下，最终是否进行帮助的动作，还取决于其能力与条件的限制。我们提出的请求必须在对方的能力范围内，因为超出其能力范围的请求，对方也无法达成。同时，对方必须具备提供帮助行为的条件，例如有充分的时间、与对方的工作不形成冲突等。只有在两者同时具备的情况下，对方才能进行帮助的行为。

做好前期准备，提出请求有智慧

基于上述分析，当我们提出一次请求时，需要做好以下几个方面的动作及心态准备。

1. 评估对方是否具备提供帮助的能力与条件

对于所提出的请求中需要对方进行的动作，评估对方是否有能力提供帮助，并在合适的时机下提出请求，避免给对方造成不便。

2. 找到对方提供帮助的驱动力并加以强化

如同前文所述，每个人在进行是否提供帮助这一行为决策的驱动力方面存在差异。结合双方的关系，可以选择不同的驱动因素并加以强化。

生活中为什么会撒娇的女生在很多情况下更容易获得一些男同胞的帮助？因为撒娇就是一个不断放大男同胞内心保护欲的行为，看对方楚楚可怜的样子，不提供帮助都不好意思；原本打算拒绝对方的请求，在对方撒娇之下却开始让步、妥协，到最后的接受。这就是一段活生生的驱动力强化过程。

每一种方法都有适用的对象，对一些男同胞而言，撒娇的行为不仅不能推动帮助的行为决策，而且更容易引起对方的反感，比如我。同样，在职场这一个追求效率与结果的环境中，撒娇也不是获取帮助的有效方式，倘若在职场中面对一个不接受撒娇的领导时，采取这种方式，迎接你的可能是一顿批评。

基于驱动力的差异，我们可以通过不同的话术来进行驱动力的强化。比如要强化情感驱动，可以用如下方式。

“大家都说你在这方面经验丰富，所以特地来找你帮

忙。”（传递认同）

“这个问题，我想了一整天都没想到解决办法，愁死我了，饭都吃不下了。”（表达焦虑）

“昨天和张三交流时，他向我推荐了你，说这个问题你肯定有办法解决。”（介绍关系链）

“如果能帮我解决这个问题，实在是太感谢了。”（表示感谢）

当要强化利益驱动时，首先要找到对方提供帮助这个行为能够带来哪些利益，才能在表达时对行为的效果加以强化。比如以下表达方式：

“这个问题要是不能及时解决，领导对我们部门的绩效评分估计要打折了。”（集体利益）

“等这个问题解决了，我请你吃饭。”（提供利益）

“领导不是安排你作为下一批新入职员工的学习教练嘛，你就当作提前练习下如何进行新人培训，这样以后就能更好地给他人提供辅导了。”（能力提升利益）

在驱动力强化的基础上，我们可以继续对需求动作进行描述，比如要求的难度低、耗费的时间短等行为预期描述，这样能够进一步推动对方帮助行为的决策。

3. 礼貌提问，传递尊重

无论请求的对象是谁，在提出请求时都应该传递尊重之意。特别是在双方没有关系基础的情况下，对方对你的帮助请求处于可帮可不帮的状态，此时你的请求礼仪如何、是否传递出你的尊重之意等信息，就显得尤为重要。有时对方不提供帮助，原因不在于问题本身，而是我们提出请求的方式出了问题。

做职业发展咨询辅导过程中，我们在网上发布了不少关于求职技能及问题分析的相关文章，很多求职小伙伴会私信咨询我们一些问题。因为数量较多，我们只能选择一些问题进行回答，而此时提问的问题是否完整、言语礼仪是否令人愉悦就显得尤为重要。我们可以对比一下两个同学的提问方式。

同学 1：

老师您好，在知乎看到您的 offer 选择的问题的回答，感觉十分有道理。现在我也面临这一难题，希望您能给个意见和建议。在此多谢您了。

现在手里的 offer 有三个，比较纠结。

1. 软件开发 14.5*15 优势: 世界500强企业，活少加班少，福利很多，培训体系完整。缺点：芯片公司不好转互联网，钱给得不多，加薪慢。

2. 人工智能 20*14 优势: 教育“独角兽”，发展势头很猛，比较有钱。缺点：加班较多，公司规模小。

3. 物联网安全18*13优势：世界500强企业，好像给户口。缺点：干的不是互联网工作，公司名声不好。

希望得到您的建议，在此多谢您了。

同学2：

简历我没写过，要怎么写？能帮我写一份简历吗？最好两天内写好。

毫无疑问，在时间有限的情况下我回复了第一个同学的提问，第二个问题则被暂时搁置了。我也同样相信换做其他人，在二选一的情况下，一定会选择回答第一个问题。

4. 接受被拒绝的可能

当我们提出一个要求时，要做好被拒绝的准备。对方可能不愿意帮你，也可能这会儿没空帮你，甚至可能就是因为当下心情不好而拒绝你的请求。这些情况的发生，都是正常的。

你提出的是一个请求，而非要求或命令。二者的区别在于，请求意味着对方有选择空间，选择接受请求或者不接受请求。而要求则限制了对方的选择空间，他只能服从或者反抗。

请求是希望对方给我们遇到的问题提供帮助，而要求则是意图通过改变他人的行为来实现自身目的的过程。两种方式所传递的信息截然不同，也会给信息接收者带来截然不同的感受。既然我们在请求过程中将选择权交给了对方，那么在对方没有接受请求的情况下，我们也不应予以批评或指责。对于对方说“不”的原因，我们应予以理解，尊重对方的选择权。

是否对于被拒绝的情况有所准备，直接影响当请求被拒绝时我们会有什么样的反应。假设某天你公司开展了一场营销活动，为了传播活动信息，要求每个员工把活动的推文发到朋友圈，并找五个非公司同事的好友转发，于是你找到了一个朋友展开交流。

你：“我们公司最近在做一场活动，要求找几个朋友转发下活动的推文。你帮我转发一下呗。”

对方面露难色：“我朋友圈中的好友都不是你们公司的目标客户人群，转发了也没什么意义吧。要不你找找其他人。”

你：“亏我跟你这么熟，连这点小忙都不帮。算了，算了，我找别人去。”

最后一句话你未必会说出来，但是你心里面可能会产生这样的感受。而当你产生这种感受时，这个行为已经从“请求”变成“要求”“命令”。同样站在对方的角度，会产生你并不友善的感受，自然对双方关系的建立与加深没有帮助。

一旦认同每一个请求都有被拒绝的可能性时，真正遇到他人的拒绝时，我们能够坦然得多，并且能将双方关系维持下去甚至加以强化，比如下面的应对方式。

你："我们公司最近在做一场活动，要求找几个朋友转发下活动的推文。你帮我转发一下呗。"

对方面露难色："我朋友圈中的好友都不是你们公司的目标客户人群，转发了也没什么意义吧。要不你找找其他人。"

你："这样啊，没有关系，确实不是目标人群的话发了也没什么意义。我再找找其他人吧，谢谢哈！"

如果对方的拒绝是一件必然发生的事情，为什么我们不能用坦然的方式接受和应对呢？第二种方式的应答在接受被拒绝的同时也给了对方台阶下，对于双方的关系建立是有帮助的。当你下次提出帮助的请求时，不排除他会因为上次没有帮你的原因而接受你这次的请求呢。

职场请求，也有逻辑策略可言

1. 咨询对方是否方便提供帮助

明确提出沟通的主题是什么，确认对方是否方便及愿意提供帮助。这个阶段的表达话术相对简单，比如这样。

张经理，有个问题想要找你帮个忙，大概会耽误您十分钟左右的时间。您这会儿方便不？不方便的话，我换个时间再找您。

有时候，我们会担心自己的请求给对方造成困扰，导致在请求的表达过程中习惯使用尽可能委婉的方式来表述信息，这是没有必要的。我们可以对比下这两种方式的差异。

表达方式 1：“最近项目开展进度比预期慢了好多，遇到了一些难题，解决起来比较费力。”

表达方式 2：“最近项目开展进度比预期慢了好多，在技术上遇到了一些困难。您方便帮我一起分析一下技术上应该如何实现项目的需求吗？”

可能在第一种表达方式中，表述者希望通过目前问题的现象传递让对方看到背后的困难并提供帮助等信息，但也可能对方在听到这句话时会产生不一样的理解：“是比较费力，但似乎你能够自行解决这些问题，不过是要多花一些时间。”

倘若如此，对方自然不会有提供协助的后续动作。请求和请教一样，是我们在职场工作中诸多沟通方式的一种。只要建立在能力及条件都允许的情况下的请求，我们也无需感到“没面子”“麻烦对方”等诸多感受，只是一种正常的职场沟通。

2. 明确提出请求事项要求

在请求他人的协助时，我们需要清晰地告知对方需要其提供什么帮助、具体的工作要求是怎样的，这样才能帮助对方快速进行决策评估。相反，当我们提出的请求信息不明确时，不仅影响对方的决策评估，更有可能导致对方提供的帮助内容和我们预期的结果产生偏差，导致问题无法得到解决。

例如部门招了几个新人，但人手比较紧张，无法提供完整的培训指导。为了帮助他们快速适应岗位工作，你希望培训部门予以支持，给这批新人组织一次培训。这个请求的提出，有以下两种不同的表达方式。

> 表达方式1："你也看到了，我们部门最近来了一批新人，培训部什么时候能给他们组织一场培训？"
>
> 表达方式2："最近部门来了一批新人，新员工培训的工作量一下子变大了，单靠我们部门内部的培训已经无法满足他们工作方法与技能的学习要求。还希望培训部的伙伴们帮帮忙，给他们做一次岗位基础知识的培训。主要内容就是岗位基本技能知识。如果能够安排一些资深员工给他们做一些工作的方法、经验分享，就更好了！这两周有办法帮忙不？"

在第一种表达方式中，需要培训什么内容、什么形式、什么时间都不明确，自然对方在评估是否提供帮助时无法给出明确的回复。而在第二种表达方式中，需要对方提供什么方面的支持都提出了具体的请求内容。对于培训的内容、难度、形式等信息，对方也能进行预估，这种情况下就容易进行决策，也能确保在提供帮助的过程中所提供的内容是请求提出者所希望得到的内容。

3. 采取差异化的表达策略

为了让对方更有可能接受我们的请求内容，可以基于请求事项的难易程度及对方反映来预估采取差异化的表达策略。

（1）登门槛效应

心理学上有一种效应叫“登门槛效应”，是指人一旦接受了他人一个微不足道的要求，为了避免认知上的不协调或想给他人以前后一致的印象，就有可能接受更大的要求。犹如登门槛时要一级台阶一级台阶地登，这样能更容易、更顺利登上高处。

美国社会心理学家弗里德曼在20世纪60年代做了一个非常经典的实验。研究的第一步是先到各家各户向家庭主妇提出一个小要求，请她们支持“安全委员会”的工作，并在一份呼吁安全驾驶的请愿书上签名。这是一个无需付出什么成本的请求，自然大部分人都答应了。两周以后，实验者重新找到这些主妇，问能否在她们的前院立一块不太美观的大告示牌，上面写着“谨慎驾驶”。此时要接受这项请求，就意味着需要付出成本。

实验的对照组不用经过在请愿书上签名的动作，直接请求在主妇前院树立一块告示牌。实验的结果表明，在请愿书上签过名的大部分人（55%以上）都会同意立告示牌；而没有签过名的主妇，只有不足17%的人接受了这一要求。

登门槛效应被很多销售从业人员广为利用，比如商场销售员最经常讲的是："你都打算花1000元买那套衣服了，还不如加点钱买这套，也就多个两三百元。但这质感、这设计，哪是那一套能比的啊！"于是我们在一步步被引导下，最后买了一件远远超出预算的商品。

（2）门面效应

除此之外，还有一种心理效应在营销过程中也被广泛应用，叫"门面效应"，指的是如果对某人提出一个很大而又被拒绝接受的要求，接着向他提出一个小点的要求，那么他接受这个小要求的可能性比直接向他提出这个小要求而被接受的可能性大得多。

美国心理学家查尔迪尼做过一项实验，他要求20名大学生花两年时间担任一个少管所的义务辅导员，大家都拒绝了。然后他提出另一个要求，请他们带这些少年去动物园玩一次，其中50%的人接受了；而当他向另一组大学生直接提出第二个要求时，只有16.7%的人同意。

为什么打折会成为商品销售过程中极其有效的一种营销手段，其中就有门面效应的应用。这件商品不错，我挺想买的，但太贵了，此时销售人员过来说："我们今天刚好做活动哦，今天购买有7折优惠。"

商家本就计划以700元的价格销售，但就是要标个1000元的价格，然后告诉你打7折，因为这样的销量一定大于直接标价

700 元且不打折。

商家可以用这种方式进行销售，我们同样可以用这种方式进行议价。比如你回应一句：“这个东西 300 元我还能接受。”但实际上，你的预期可能是 500 元，于是双方各退一步，最终 600 元成交。

许多人正是利用这种策略去影响他人，当他们想让别人答应自己的请求时，往往会提出一个别人根本不太可能会接受的请求，在别人拒绝且怀有一定的歉意时再提出自己真正希望对方办的事情。由于前面的拒绝，人们往往会为了留住面子而接受随后的要求。

登门槛效应和门面效应，两者貌似相互矛盾，但实际上并不冲突。在提出请求的过程中应当采取哪种方式，可以结合请求事项的难易程度来进行选择。当你希望对方接受一个比较大的请求时，可以使用登门槛效应，从小事项入手，逐步推进。当一件事情本身难度不大，属于举手之劳时，可以先提出一个难度更大的事情，待对方拒绝之后再提出这个小请求。

当然，策略的应用还要结合沟通的对象来进行选择，如在帮助他人这件事情上，对方是热心的还是比较抗拒的。对于一个热心真诚的人而言，请求帮忙的过程本身就无需过多的技巧，只要条件允许，他都愿意给你提供帮助。

沟通策略的使用，更多的是当你提出一个请求而不确定对方会给予什么反馈时。

4. 向对方表示感谢

无论是对方接受还是拒绝你的请求，都应当予以感谢，这是职场沟通礼仪的一部分。

提出一项请求时，也是加深我们与对方关系的机会。因为请求的背后意味着信任与认同。但在职场人际交往的过程中，不能一味地索取，却不付出。

不难发现，那些每次提出请求都能得到正向接受的人，通常自己也是能在他人需要时予以帮助的人。我们希望他人给自己提供帮助的前提是，我们可以尽己所能给他人提供帮助。两人初步接触时，面对请求的驱动力可能来自利益驱动，但在持续的交流中，我们要争取将其往情感驱动的方向发展。唯有如此，才能在一次次的帮助与被帮助过程中实现情感账户存款金额的提升，形成良好健康的职场人际关系链。

》 第十一节

谈判：掌控逻辑表达，在博弈中达成共识

提高核心竞争力，掌握谈判的主导权

我经常被毕业生问到的一个问题是："老师，面试的时候怎么和对方谈薪资？"

很多人认为面试时能够通过话术上的技巧让自己拿到更高的薪资，但其实能够让你拿到更高薪资的真正原因只有一个——你值更高的价。

"谈薪资"的本质不是谈"薪资"，而是谈能力，只有在你有足够的证据向对方证明你能带来更高价值的情况下，才有争取更高薪资的可能。从面试谈薪资这件事情中，我们可以发现谈判的开展，建立在以下几个基础条件上。

1. 己方提供的方案能够满足对方需求

谈判双方各有需求，并且需求能够通过对方提供的方案得到解决。比如企业有招聘用人的需求，求职者有找工作的需求。当求职者的能力与企业用人要求相匹配的情况下，才有谈判的基础。倘若对方不存在需求或者需求无法通过你提供的方案得到解决，自然谈判也无法得以进行。

2. 谈判对象必须具有决策的权限或空间

在沟通双方一拍即合的情况下是不需要谈判的，正因为双方要求的条件不对等，才需要通过协商来达成一致的条件共识。倘若对方不具备决策的权限或空间，即使在认识上达成一致，也无法达成目标。

比如 HR 得到的招聘任务要求就是招聘时薪资不超 5000 元，而你想要 8000 元的薪资，跟 HR 谈是没有用的。当谈判的对象不具备决策权限或者超出决策权限时，最有效的方式是找到能够决策的人进行谈判。

谈判作为双方希望达成利益互换的沟通行为，从根本上说，其走向不是由谈判的技巧、方式决定的，哪一方拥有更多的筹码就拥有谈判的主动权。

历史上，李鸿章代表清政府签订了一系列不平等条约，原因不在于李鸿章的谈判水平不高，而在于“弱国无外交”。拥有更多选择权的一方，才能在谈判过程中占据优势。如同在求职过程中拥有多份 offer 选择时，你在谈判过程中更有底气，甚至当你强大起来拥有更多选择权时，就不需要进行谈判了。

从个人发展角度看，提升自身能力、不断加强职场竞争力才是职业发展的核心。

当然，这并不代表谈判的方法学习没有意义，良好的谈判方法不仅能促进合作共识的达成，还能推动双方关系的进步。谈判能力是一个人沟通综合能力的直接体现，过程中包含了提问、陈述、倾听、说服、拒绝和总结等多方面的沟通方法，是一套组合拳。学习谈判方法其实就是学习系统化沟通方法的过程。

有些人的谈判水平高，有些人的谈判水平低，其中的差异表现在什么地方？在分析谈判的沟通方法前，我们首先需要思考一个问题：什么样的表现才能称为好的谈判表现。

谈判是双方在合作的条件上存在差异才产生的沟通，无论差异多大，谈判的行为都指向一个目标——双方合作的达成，同时在此基础上尽可能争取对己方有利的条件。而合作的落地、推进、二次合作的开展都需要建立在双方关系提升的前提上。

基于此，我们可以发现，一次成功的谈判从结果上有以下两个方面表现。

- 在争取对己方有利条件的基础上达成双方的合作。
- 推动双方的关系建立与巩固，为合作的落地执行及后续合作奠定基础。

这两个方面的表现，缺少一个都不能称为成功的谈判表现。我们往往关注第一项条件的达成，却忽视第二项关于双方关系建立与巩固的重要性。但在职场上或者企业合作中，一次成功的合作往往带来第二次、第三次的合作，而一次不愉快的合作意味着后续在有其他选择空间的情况下不会将这次的合作对象作为长期合作伙伴。

从谈判的结果上来看，双赢的结果才是我们应该努力的方向。双赢意味着谈判双方各自获得了想要的结果，“我赢他输”则并不值得称颂。

谈判的对象可以是对手，但绝不是敌人。谈判的目标是达成合作，而非消灭对手。我们在谈判中处于优势地位时，设定合理的目标，尊重对方的感受，不应通过要挟的手段来逼迫对方接受合作的条件。

不卑不亢，是无论自己处于优势地位还是劣势地位时都应该表现出来的行为态度。处于优势时尊重对方，处于劣势时也无需卑躬屈膝、谄媚逢迎。无论在什么位置、资源有多大，开始谈判时，双方就应是平等的合作伙伴关系。

设定合理的谈判条件，迅速达成合作

在开始一场谈判前，首先需要设定本次谈判的条件，明确基于双方的资源、地位、筹码等差异，在一次谈判中应当争取达成什么样的合作条件。只有设定了条件目标后才会知道什么样的结果是符合预期的、什么样的结果是不能接受的。

谈判条件的设定，与我们在谈判中所掌握的筹码有很大关系。基于己方谈判实力与地位的情况下争取利益最大化，这是我们首先应当争取的目标。但这个条件的设定并不代表不考虑对方的利益与感受。良好的合作关系建立在双方都有利可图的前提上，倘若一次合作中对方无利可图，自然他也没有谈判的意愿。在没有什么收获的情况下，也就意味着没有什么可失去的，既然已经颗粒无收，自然在谈判时就更加无所畏惧。

这种情形的出现对于谈判中处于优势的一方是不利的。明朝末年，民变四起，原因在于农民无法满足生存需求。同样在谈判过程中，当我们处于优势地位时，设定的目标条件也应当考虑对方的利益要求，否则只会带来谈判的破裂。

条件设定后还需要思考一个问题：对方对于我们所设定的条件接受的可能性如何。倘若设定的条件经过分析后形成的预判是接受可能性弱的，当我们想达成合作时就必然要面对修改条件的处境。而在谈判过程中频繁地修改合作条件，并不是一种合适的行为。

无论是频繁让步还是频繁增加要求，都会带来对方的反感。倘若开始时设定了一个比较高的条件，然后在谈判过程中不断让步，对方就会认为有利可图，继续争取更低的条件。倘若开始时设定了一个较低的条件，后续又不断提高条件要求，则会让对方认为你贪得无厌言而无信。最好的方式当然是在制订好条件后，在小范围的调整内就与对方达成一致。

基于上述情况，在设定谈判条件时可以设置三个条件目标。

- 最高目标：对己方最有利并且有机会达成的条件目标，一旦达成，可视为超出预期的结果。
- 满意目标：预期范围内的正常结果，一旦达成，可视本次的谈判是成功的。
- 最低目标：谈判的底线条件，一旦低于该条件则无法合作。该目标的达成只能视为谈判结果可接受，但不理想。

在请求他人协助时，基于登门槛效应与门面效应的差异，我们可以选择针对性的表达方式。但在谈判过程中需要了解的第一个原则是：当对方接受一个条件后，不会接受另一个更高的条件。

如同在商场购物过程中，导购说某件衣服定价 1000 元时，你不会接受对方以 1200 元的价格卖给你。所以，在谈判时，三个条件的提出应当是自上而下的，只有首先提出最高目标的情况下，才有可能达成最高目标。倘若在谈判的开始阶段就亮出底牌，则可能最低目标的达成都存在困难。

知己知彼，做足谈判前的准备工作

谈判的过程其实与求职、面试有很多共通之处，当我们作为求职者去参加一场面试时，会做详细的准备。比如面试过程中，面试官可能会提问哪些问题、这些问题如何应答、如何体现证明个人能力、如何争取更高的薪资等。

谈判与面试一样，同样需要进行大量的准备工作。围绕准备事项的差异，一次谈判开展前，我们需要做好以下几个方面的准备工作。

1. 研究你的谈判对象

“知己知彼”是战争胜利的前提，谈判桌上的双方就是对手。要推动预期目标的达成，就必须知道你的对手是谁、有什么特点、他的需求是什么。这是谈判前准备的第一步。

在一场谈判中，谈判的对象实际包含两个——企业和个人。个人作为企业的代表进行谈判，但最终合作的开展是企业双方的行为，而非个人行为。坐在谈判桌对面的人既是他本人，又不是他本人。在对谈判对象的分析中，企业与个人都不应忽视。

对企业对象的分析，需要明确的是对方的需求是什么、对方希望通过谈判获得什么成果、为此目标的达成愿意付出什么条件。这一步骤的分析是为了找到双方共同的利益需求，为谈判的开展建立基础条件。

在一场谈判中往往会有多个利益需求点，但重要性上有天然的差距，有哪些是必须坚持的、哪些可以作为交易条件、哪些可以妥协放弃、有哪些利益点会构成双方冲突、哪些不会构成冲突。这都是我们应当明确的内容。

共同的利益需求是谈判成功的基础。在谈判成功的情况下互相获益，反之则互相受损，这种情况下，双方形成一种决策上的平衡。谈判过程中最大的困难来自双方的利益冲突，即一方获得某种利益，则一方对应地失去一部分利益。

此消彼长的利益需求，往往是双方的矛盾所在。谈判开展前如果能及时准备此类情况的应对方式，则谈判过程会顺畅很多。

对个人对象的分析，需要明确的是对方在企业中是什么角色、对合作的态度是怎样的、对于谈判的条件主张是什么、个人的谈判沟通风格是什么类型、有什么样的性格特点、有多大的决策权限、个人存在哪些需求等信息。

这一步骤的分析是为了找到在谈判过程中合适的沟通方式，更好地推动谈判开展。比如有的谈判对象是关系型对手，在获得对方情感认同时开展谈判会比较顺利。这种情况下，在沟通过程中建立并加强谈判双方情感关系的重要性就被会放大；而当谈判对象是事务型对手，只关注合作的利弊得失、条件政策等事项时，双方情感上过多的交流则会让对方认为谈判偏离中心，反而不利于建立良好的谈判关系。

2. 制定谈判的路线策略

在明确谈判目标、分析谈判对象后，需要进行下一步准备——为谈判过程寻找方法。这个环节中解决的核心问题是在谈判对象前如何实现预期目标。其中包含以下几个方面。

（1）谈判双方的定位分析

在一次谈判中双方分别处于什么定位、各自有哪些优势与筹码。这个问题的结论来自于己方的谈判目标及谈判对象的分析。针对谈判对象研究过程中获取的信息，进行定性、分类，为下一步的谈判方案制订明确方向。

（2）谈判过程的方法分析

谈判的路线阶段是怎样的、用什么方式方法和对方进行沟通、对方可能会提出哪些问题、谈判过程中可能出现哪些状况、不同的情况发生时应当如何应对、对方拒绝己方条件时如何说服、对方提出更高要求时如何协商、有哪些让对方让步的理由、在什么条件下己方可以让步等信息。

将所有可能在谈判过程中出现的问题都一一列出。如同参加面试前，我们的问题准备越完整时，面试过程中遇到各类问题并回答起来也越胸有成竹。

“凡事预则立，不预则废”，谈判过程中的方法分析是谈判前准备工作中的重点所在。

（3）谈判的心理准备

没有哪一次的谈判是轻松的。要促进目标的达成，我们需要做好充分的心理准备。核心包括两点——目标至上、重视对手。

目标至上，意味着在一场谈判过程中我们所有的行为都围绕目标的达成来展开。无论在谈判过程中遇到什么情况，都牢牢记住本次谈判的目标，提醒、强调自己必须达成这个目标，才不至于在谈判过程中偏离方向或被对方所引导而偏离目标。

重视对手，意味着在一次谈判过程中，无论你对面的人是谁，都将其视为最困难的对手去面对。没有哪次谈判是一蹴而就的，过程中必然会遇到各种各样的问题，对手不仅仅是坐在谈判桌上与你谈判的这个人，更是这个人背后的企业、团队。

谈判过程中可能会遇到种种意料之外的困难与问题，在谈判开始前就有充分的心理准备，问题来临时才不至于手足无措。

拉近距离，在谈判桌上打动人心

谈判中，内容的表达建立在双方良好的沟通关系基础上。当谈判的双方首次接触时，要快速拉近双方距离，建立信任关系，可以通过以下两种方式进行。

1. 寻找双方的共同点

共同点包括双方关系上的共同点、性格喜好上的共同点。有两种人在相互陌生的情况下能快速缩短关系距离，一种是有某种社会人际的关联，比如老乡、校友、朋友的交集。另一种是有共同的喜好话题，比如都喜欢看 NBA、喜欢听摇滚。在找不到共同点时，找到一个双方都能展开的话题作为对话展开的起点，也是一种方式，比如说“今天天气真不错”，至少营造了一种相对轻松的交流氛围。

当双方存在共同点时，在交流的开始阶段就能形成一种内心的认同感，有利于交流的开展。

2. 给予对方认同感

武侠小说中两个陌生人见面，在互相报完名号后通常对方会回应一句“久闻大名，如雷贯耳”。这就是给予对方认同感的一种方式。

认同感的传递不应流于形式与客套，倘若如此，反而令对方认为你的认同不够真诚，可以从一些细节入手传递你的认同感。

我印象深刻的一次经历是，几年前我刚进入广告行业时，有次和同事一起去一家设计公司谈广告合作方案，刚坐下就开始和客户谈方案的内容是什么、能实现什么样的预期目标等信息。而我同事注意到桌上放了本企业画册，于是他翻了几页后说画册的设计水平很高，进而通过画册聊到这家公司过往的设计项目、历史发展情况等诸多信息。很快，他便与客户建立起了关系。虽然最后方案的内容交流是我进行的，但明显客户对我同事的认同感比对我的更强。

谈判双方关系的拉近，对于己方合作条件的达成有促进作用。谈判过程中不仅仅谈“事”，也谈“情”，不应只把关注的目光放在“事”的陈述表达上，而忽略“情”的影响。

抓住谈判的逻辑性，让对方更快接受

为什么人们会接受一个与自己预期条件不一致的合作要求？在分析谈判方法前，我们首先需要知道这个问题的答案，如此方能给我们在谈判时需要进行哪些动作找到方向。

例如你原本只准备在 2000 元的预算范围内买一套衣服。到了商场后，销售人员结合你的身材、肤色、喜好等特点，推荐了好几套服装，其中一套确实非常吸引你，但售价是3000元，超出了你的预算。此时，销售人员说今天正好有活动，你可以享受8折优惠，只要2400元就可以了。于是你接受了以超出原定预算的价格买了一套你欣赏的衣服。

在这个场景中，可以将最终做出与原定预期条件不一致的决策行为分解为以下几个因素。

认同产品/解决方案的价值：你认为对方所提供的产品/解决方案是有效的，能够满足自身需求，解决相应的问题。合作条件可接受：对方提出的合作条件虽然超出预期，但在你可接受的范围内。在谈判过程中获得了利益：通过谈判，我获得了利益，此次谈判创造了价值。

在职场或商务谈判过程中，和预期条件不一致的合作要求要得到对方的接受，同样必须具备以上三个条件，这也是我们在谈判时需要通过沟通让对方产生的感受。基于上述三个条件，在谈判过程中需要做的事情同样可以分成三项。

- 说明产品/解决方案的价值并获得对方的认同。
- 说明合作条件并解释条件的合理性。
- 适当妥协与让步，让对方相信其在谈判中有所获益。

围绕这三项要点，我们逐一分析在谈判过程中应当采取哪些方法。

1. 说明产品/解决方案的价值

如果你是产品/解决方案的供应商，在与采购方进行谈判的第一步是建立对方对产品/解决方案的认同感。倘若采购方没有建立起对产品或解决方案的认同，则无法进行合作条件等内容的协商。

如何把产品或解决方案的价值表述完整，核心在于说明为什么产品或解决方案能够满足对方的需求。这个问题的回答意味着首先对于对方的需求要有准确的认识，只有正确定位对方的需求后，才能根据对方的需求进行针对性的产品或解决方案内容介绍。

在求职面试过程中，如果要证明自己具备某一方面的能力，可以采用STAR的语言结构进行内容描述，这一表达结构的核心思想在于通过事例及结果来证明个人能力。虽然谈判过程的内容与面试中提问的内容有所差距，但表达的思路可以借鉴。

当我们在进行产品/解决方案的价值描述时，可以通过以下几个维度来表述。

（1）做演示：将产品的功能、效果以及解决方案的内容、计划等信息通过演示的方式使对方产生直观的感受。

（2）讲场景：将产品及解决方案的预期效果与对方的工作场景、任务目标结合起来描述，突出对方使用该产品或解决方案后能够达成的效果。

（3）说案例：介绍有过哪些成功的合作案例、合作的情况是怎样的、取得了什么样的结果等信息，为产品或解决方案介绍增加说服力。

2. 说明合作条件并解释条件的合理性

心理学中有一个“锚定效应”，是指在不确定情境的判断与决策中，人们的某种数值估计会受到最先呈现的数值信息，即初始锚的影响，以初始锚为参照点进行调整，做出估计。

比如你进入一家服装店，看到店门口一件衣服的价格是 2000 元，再看到门店中其他同类衣服时，在你不知道价格区间的情况下会认为其价格区间也在 2000 元左右。而如果你看到的第一件衣服是 5000 元，对其他衣服自然也会形成 5000 元的价格区间概念。

我们也可以充分利用锚定效应进行合作条件的奇谈。比如在不确定对方对己方即将提出的合作条件是何反应前，可以先给对方一个合作条件的锚。比如介绍一下己方在过往同其他伙伴合作过程中的条件是怎样的，可以使用如下话术进行表达。

> 我们在这个领域已经同多家企业有过良好的合作经验。比如在同 ×× 公司的合作过程中，就通过我们设计的方案实现了预期效果，当时的合作费用是 ×××。

在介绍这段信息时，我们向对方表达的是这个产品或解决方案的合作费用在什么区间。当对方接收到这个信息时，就形成一个锚：这个产品的采购成本一般在什么区间。如此，当我们正式提出此次的合作条件时，即使与对方的认知有出入，对方也会比较接受条件的合理性。

除了主动抛出合作条件的锚，在提出合作条件前，还可以先试探下对方对于合作条件的预期，比如对方对于市场行情的认知、以往是否有同类型的合作经历、此次谈判中对方接受的任务要求是什么等信息。

通过试探，加深对谈判对象的了解与把握。比如可以说："贵公司以往是否有同其他单位进行过这方面的合作呢？当时的合作方式和结果是怎样的？"当对方和你介绍过往同其他单位的合作经历时，你就对他多了一分了解，也更有利于谈判后续的开展。

在了解对方的预期并设定合作条件的锚之后，可以提出己方对于合作的条件要求。基于谈判前设定的最高目标、满意目标与最低目标，结合对锚的设定及对方预期，提出将最高目标或者满意目标作为初始条件，不能将最低目标作为初始条件。

一旦起步时就提出初始目标，意味着在后续的谈判中己方没有其他退路，而且也没有实现满意目标或者更高目标的可能性。

在对合作条件协商的过程中，当我们抛出一个对方不易接受的条件时，就要补充一个对对方有利的因素，这样能让对方更可能接受该条件。两个信息之间未必有关联，如同在多人谈判中通常有一人唱红脸、另一人唱白脸，不同的角色分工往往是对方有意而为之。在没有多人进行角色分工的情况下，"棒槌和胡萝卜同时给"也是一种方式。

比如某网络公司提高会员的年度服务费，这必然导致会员的不满，但在提高服务费的信息之后都会加上一条“我们也将对服务进行全方位的升级，在 ×× 方面进行加强，为会员提供更优质的服务”。这样会员对于服务费提升这件事情就容易接受得多。

3. 适当妥协与让步，让对方有所获益

不是所有的谈判都需要有妥协的过程，但在谈判过程中，遇到僵局无法再进一步时，适当妥协与让步是谈判推进的一个选项。

如果谈判的对象不是最高决策人，比如一个职业经理人，在谈判结束向上汇报的过程中，他的需求是“向上有交代”，即“我在做这件事情的过程中采取的方法、付出的努力有收到正向的结果，我的谈判是有成绩的”。这是一个职业经理人在向上汇报过程中希望获得的上级认同需要。

成绩的体现来自双方合作条件在谈判前后的反差，比如在谈判前需要付出的成本是 10 万元，经过谈判后降低到 9 万元，降低的 1 万元就是谈判所取得的成绩。在合作条件没有调整的情况下，达成 9 万元的合作与原定合作条件 10 万元但经过谈判后达成 9 万元，这两种结果在向上汇报的过程中，对于自身能力及价值的体现是截然不同的。

如果谈判的对象就是最高决策人，同样我们也可以做出适当的妥协与让步。从消费心理学的角度上说，消费者不是要占便宜，而是自己要有“占到便宜的感觉”，这种感觉对于最终条件的接受程度有极大的影响。

当我们同最高决策人进行谈判时，不存在向上汇报的认同肯定需求，但存在“通过谈判获益”，即占到便宜的感觉。这就是为什么同样一件衣服标价 400 元但没有打折时的销售数量一定不如标价 500 元但打 8 折时。

适当让步，能够在满足对方需求的同时，更好地推动合作的达成。但让步这一行为需要建立在一定基础上，倘若随意让步，反而会令对方认为还有更多的谈判空间，得寸进尺，提出更多要求。在进行适当让步的动作前，需要思考几个问题。

（1）什么情况下可以进行让步

当谈判进入僵局并且无法找到其他突破点，而对方要求的内容不涉及己方的底线要求时，可以进行让步。对于对方提出的不合理要求，原则上应不予让步。

（2）主动让步还是被动让步

谈判过程中应当主动让步还是接受对方的要求让步，没有明确标准，更多的是由双方谈判的筹码、条件决定。但主动让步可以传递出你对合作的诚意，先让步的一方可以在让步之后争取更多主动权。让步之后，可以提出你给对方的要求：“为了达成合作，我已经接受让步，那么你是否也应该接受我们的条件？”

如果谈判中必须做出让步的行为，那么就要将这种行为变成提高己方谈判地位的行为。

（3）补充解释让步的原因

在传递让步的意愿后，需要对我们进行让步这一行为进行解释说明——因为什么原因让步。倘若让步的行为没有进行说明，则可能令对方形成“你比较软弱，容易接受条件”的形象，对后续谈判的开展不利。

让步的原因可以有很多，比如基于对方良好的形象及意愿进行让步、对对方情况的了解加深后进行让步等。这些原因都可以在不给对方更多谈判条件要求的情况下对让步的行为给出解释。

（4）有几次让步的机会

谈判过程中频繁让步并不是一件好事，但并不代表在谈判过程中只能进行一次让步。特别是在一项复杂的事项谈判过程中，谈判的周期可能拉得很长，过程中可能发生什么事情并不能控制。

倘若在做出一次让步后就表明这是让步的最终条件，反而可能限制后续的谈判空间。当然，在一次谈判过程中仍然要争取尽可能少的让步行为。

细节决定成败，大谈判也有小策略

除了上述三项内容的表达外，谈判开展过程中还需要注意以下几个事项。

1. 对方表达时保持倾听，传递尊重

尊重谈判的对手，当对方在表述内容时应认真倾听，同时分析背后的需求及意图，思考回应的策略。俗话说“买卖不成仁义在”，即使此次的谈判未能达成合作，也可以保留下次合作的机会，不应在谈判过程中表现出傲慢、忽视、不尊重等行为。

2. 避免正面冲突

当双方的合作条件存在差异且差异无法达成共识时，对于合作条件的争论是无可避免的事情。对于无可避免的争论，尽量不要通过正面冲突的方式来应对，正面冲突只会促成矛盾的升级，缩小谈判的空间及影响双方的关系。

在冲突的处理中，一种常见的应对方式是将是非题转化成选择题。

是非题只有两个选项：A 或者 B，接受或拒绝。而选择题则有多个选择空间，通过增加其他选项的方式来化解矛盾冲突。当对方提出要求己方让步的需求时，比如更低的价格要求，如果用是非题的应答方式，只有“接受让步”或者“拒绝让步”两种选项；而用选择题的思路来应对，可以创造出其他回答的可能性，比如这样：

> 价格上我可以做出让步，但这意味着产品的质量也会发生相应变化，毕竟你所提出的这个价格区间还不够我产品的生产成本。主要还是看你在价格与质量这两者上，更优先考虑哪个因素。”
>
> 如果是原有的方案，这个价格我们是无法合作的。但基于你所提出的预算空间，我有另一个方案也能解决你的问题。你可以选择另一种方案。

这种应答方式既避免了正面冲突的尴尬，也为谈判的开展创造了更多可能的方向，同时还有助于双方关系的建立，一举多得。

3. 除非条件成熟，否则不要提出关闭谈判

当双方条件无法达成共识时，关闭谈判也是一种向对方施加压力的方式，这种方式有时会比较有效，但有时反而弄巧成拙，真的失去谈判的机会。比如有些人计划通过提交辞职申请希望公司予以加薪，结果公司接受你的辞呈；在商场买衣服时，你和老板说“太贵了，不买不买，走了”，然后老板来一句“慢走不送”。这和你预想中的剧本完全不同，你的预期是公司挽留、商店老板降价出售，结果却变成再次提出谈判的机会都没有了。

同样是关闭谈判的方式，为什么有的人会实现预期目标，而有的人则弄巧成拙？在决定关闭谈判前，首先要了解关闭谈判方案提出时必须具备什么条件。

第一个条件是对于对方的合作意愿有充分的把握。对方有合作的意愿，甚至意愿比己方更强烈，如公司是想留住你的、老板是想做成这单生意的。但这还不够，更重要的一点是你提出的合作条件，对方是有利可图的。你相信你创造的价值高于企业给你提供的薪水；相信你提出的报价，商店老板仍有利润空间。

合作意愿与有利可图，两者缺一不可，否则当你提出关闭谈判时，对方自然也同意关闭谈判。所以在提出关闭谈判前，必须对对方的合作意愿及利益空间有客观的评估。

第二个条件是己方提出关闭谈判申请时，必须要有接受谈判

终止的心理准备。谈判是双方的博弈，提出谈判的一方往往是自身需求有更多选择空间的一方，倘若己方除了谈判对象外并没有其他选择空间，此时提出终止谈判的风险是巨大的。

一旦提出关闭谈判，再次回到谈判桌前可能需要接受更高的成本。因此在提出关闭谈判前，确保己方具备其他备选项的选择空间。

在这两个条件基础之上，通过提出关闭谈判的方式来争取对方对于合作条件的让步，可以成为一种谈判的手段。但在关闭谈判的表达上需要合情合理，让对方接受；否则关闭谈判的信息就变成一种要挟，给对方形成不好的印象。

要实现关闭谈判的申请合情合理，关键在于表达己方合作意愿时给出一个无法根据现有条件合作的原因，如此便传递出一个信息："我不是不想和你们合作，但这个条件确实有困难，才没有办法合作。"

采用这种方式，在提出关闭谈判时可以用以下表达方式。

你们提出的这个方案，我也非常认同。从个人角度来说，我也希望和你们达成合作。但公司给我的预算范围就这么多，超出预算范围，我没有办法向上汇报啊，真的很遗憾。

表示合作意愿 + 无法合作的原因，这样在提出关闭谈判的申请时并不会完全关闭后续谈判的空间，也更容易让对方接受无法合作的原因，促使其让步。这里面有一点需要注意，在提出关闭谈判时可以表达我们的合作意愿，但在谈判开始时则不宜表露。

一旦谈判开始就表露出合作的意愿，则对方会认为你接受更高合作条件的可能性越大，从而抬高自身合作条件。

在谈判中，我们可以做一个“不情愿的买家”，这也是一种降低对方合作条件的方式。

4. 强调对方利益，而非己方利益

在谈判时，应主动表达出“我方充分考虑你方的利益需求”“我方提出的合作方案能够满足你方需求”“按照我方的方案合作，对你方是有好处的”等信息，传递我方站在对方角度考虑问题、充分考虑对方利益的形象。表达时的角度应该是“你”而非“我”，这样更能促进合作的达成。

谈判是一个复杂的沟通行为，没有哪种谈判方式、话术是通用的。基于谈判内容、谈判对象、谈判双方关系等各方面的差异，在同一种情况发生时都有多种应对方式。

谈判还是一个依赖经验与应变能力的沟通行为。阅读再多的谈判书籍，不如在每一次的谈判结束后做好复盘总结。唯有如此，理论才能在实际中得到应用，帮助我们更好地提高谈判能力。

》 第十二节

文字表达：掌握细节，令语言更有条理

职场沟通不仅仅是语言上的交流，文字内容的交流同样也是一种常见且重要的沟通方式。社交软件上的对话、发出去的每一封邮件、提交的每一份报告材料……在小公司办公，通常注重面对面的交流能力；而在大公司办公，书面沟通能力显得更为重要。

在跨部门或与外部公司的合作、工作的阶段反馈等场景中，邮件已经成为一种常见的方式。在职场中，“会写东西”永远是一个加分项，写作的练习本身也是一种思维训练的过程。

文字、音频、视频三者的信息传播效率是逐渐递减的，同样是一分钟，我们可以看 500 字左右的文字内容，但通过口头语言表达，只能说出 200 字不到的信息量。这就是越是大公司，越强调邮件交流的重要性的原因。在组织架构复杂、人员分工多样、跨部门合作场景众多的情况下，邮件交流能极大程度地提高沟通效率。

邮件交流，也要讲究精简美

正因为邮件的应用本身就是为了解决沟通中效率低下的问题，在邮件内容的书写上同样需要考虑的第一个问题是“如何提高邮件内容表达效率”。职场沟通行为指向效率的提升，很多人邮件内容的信息传递效率不高，问题不在于内容写太多，而是内容太啰嗦。

提高内容表达效率的核心，是简洁。围绕这个标准，在写一份邮件时，我们需要注意以下几个要求。

1. 提炼内容关键词，分段分点描述事项

无论是关于什么主题的邮件内容，都可以将需要表达的信息进行分段分点的整理与描述。进度汇报时的“目标”“进度”“后续计划”“需求”；提交方案时的“背景”“目标”“分工”“进度计划”；申请支持时的“问题背景”“需求内容”。

同样的内容，将其分段分点整理描述后，呈现出来的文字内容结构更加清晰，对方阅读的效率自然也得到提高。

对于内容关键词的提炼，首先从邮件的标题开始。要实现的目标是当邮件接收者看到邮件标题时就知道这封邮件讲的是什么内容，进而做出“邮件的重要性如何”“需要立即阅读还是稍后阅读”的判断。

职场中的邮件内容通常可分成信息告知、事项汇报、问题反馈、工作支持、流程审批等事项。基于内容事项的差异，在拟定邮件标题时可以用一个通用的结构——“关于+事项+邮件类型”。比如“关于校园招聘的问题反馈”“关于重点客户跟进情况的进度汇报”“关于员工培训的需求支持”等。当然也有其他方式进行标题拟定，但前提是实现对方能够通过标题获取邮件内容的要求，这样的标题才是一个合格的邮件标题。

2. 能用图表形式呈现，就不要用文字形式呈现

内容呈现的形式中有一句话，叫“字不如表，表不如图”。文字、表单、图表的信息传递效率是逐渐加强的，我们可以看下同样的信息用以下三种形式表达出来的效果。

（1）文字形式

中国普通高校应届毕业生数量保持持续增长，从2010年的631万人增长到2017年的795万人，7年时间增长164万人。每年的毕业生数量如下：2010年631万人、2011年660万人、2012年680万人、2013年699万人、2014年727万人、2015年749万人、2016年765万人、2017年795万人。其中2011年同比增长最大，达4.6%；2016年环比增长为过去7年最低值，仅2.1%。预计2018年，普通高校应届毕业生人数将达到820万人。

（2）表单形式

2010—2018年中国高校毕业生数量增长表

年份	毕业生数量（万人）	同比
2010	631	3.40%
2011	660	4.60%

（续上表）

年份	毕业生数量（万人）	同比
2012	680	3.00%
2013	699	2.80%
2014	727	4.00%
2015	749	2.90%
2016	765	2.10%
2017	795	3.90%
2018	820	3.10%

（3）图表形式

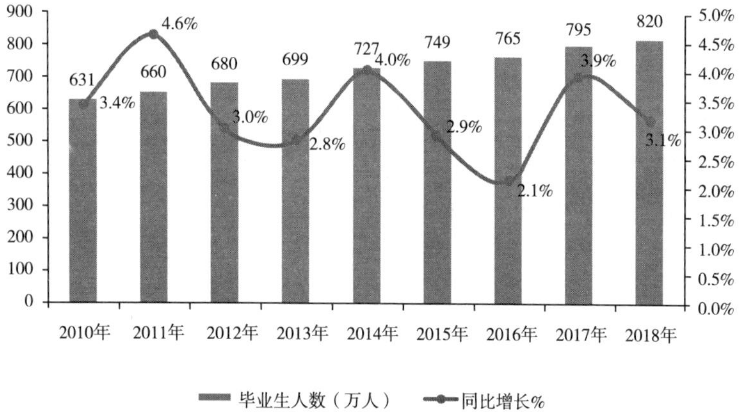

同样的信息量，用不同的方式进行表达时，对于信息接收者而言，理解这部分信息需要付出的时间成本是不一样的。在阅读文字内容时，我们需要对文字内容进行提炼、整理，而整理的结果可能是最后我们在图表中呈现出的样式。

既然如此，何不如在一开始的内容呈现中，就使用更直观的形式来提高信息传递的效率呢？

3. 删除多余的修饰，保持页面排版整洁、重点突出

职场上的邮件往来应当追求“好看”的目标，但这个“好看”的标准并不基于我们对于艺术品的审美标准来展开，而是邮件的阅读体验是否良好。

好的阅读体验，体现在页面上即“排版整洁、重点突出”，与此无关的元素可以一律删除，比如无意义的邮件信纸、丰富多彩的背景色块等元素都是不利于信息提取的。越是简洁的排版，越有利于阅读体验的提升。比如在很多书中会使用一些图表来进行内容说明，倘若图表的设计是五颜六色、多种元素杂糅的，不仅不能起到辅助说明的作用，反而影响阅读的体验。

将邮件的段间距、行间距、字体、字号设置成统一的格式，形成视觉上的一致性，有必要时再针对内容中的关键词、关键句进行加粗、加背景色、调整字体颜色等方式的强调。但在一封邮件中不宜使用过多的强调符号，倘若处处都是重点，就意味着处处都不是重点。

在满足这三个条件的前提下，邮件书写还有格式上的要求，比如起首的称谓、落款的签名等信息。商务往来的邮件可以用“顺祝商祺”等语句进行结尾，签名部分可以在邮箱设置中统一设置签名内容，通常包含姓名、公司、职务、联系方式等信息。

邮件写完后需要进行检查，包括内容是否准确无误、需要补充的附件是否添加、发送及抄送的对象是否准确等，都是在邮件发送前需要确认的内容。

往往越是简单的细节，越容易出错。在过往的职业经历中，我收到过很多在细节上犯错的邮件，比如事项审批时使用模板内容却没有对模板中的信息进行完整的修改，导致时间、人员、主题等信息错误，这是使用其他模板时高频发生的一种情况。如果在邮件写好后能进行二次、三次检查，这种失误都是完全可以避免的。

避开IM的沟通误区，让表达更有“职场范”

IM（即时通信软件，比如微信、钉钉、腾讯QQ等）的沟通同样是我们每天都在用，但也可能忽略很多细节。我们因职场工作需要通过IM等软件进行交流时，需要避开以下几个误区。

1. 不要问“在吗”

多数人习惯在交流的开始先问一句“在吗”，甚至有时候问完这句就没有下文了，这种方式往往给信息接收方造成困扰，因为不知道你接下来发出的内容是关于什么事项，回复意味着承担未知要求的风险。同时，对于信息的发出者带来困扰，当你发出这个问题后对方没有予以回应，那么是否应该继续发出下一条消息呢?

文字沟通的要义在于高效迅速，删掉无意义的询问，直接表达你希望传递的内容，减少信息接收者因未知内容产生风险的困扰。这样不仅能提高沟通的效率，更能提高信息接收者的体验。

2. 除非必要，否则不要发语音

发语音是一件利己但不利他的行为，减少了我们打字的时间，却增加了对方信息提取的时间，一段 60 秒的语音转化成文字阅读可能只要十几秒。如果因为内容需要而连续发送几段一分钟的语音，不如选择电话的方式进行沟通。因此在使用 IM 等工具进行交流时，除非在条件不允许的情况下，比如在驾车时己方或对方无法进行文字输入与阅读的情况下，否则尽可能避免使用语音进行信息传递。

语音传递不仅降低效率，也可能给对方带来不便，比如听的过程中中断时需要从头开始听。你可以想象，一段 60 秒的语音听到 40 秒时突然中断而需要从头开始听，是一件多么令人不快的事情。

3. 及时回复对方信息

文字交流意味着信息的传递有时间差，倘若没有及时给出回复，对方是无法得知你对这条信息的态度是怎样的。比如有时我们收到一条任务消息后，已经按照要求开展工作，但在你没有给出回复内容的情况下，对方并不知道你是否理解任务要求并且开展工作了。不要抱有“理所应当”“对方会知道”的想法去对他人的理解设定预期，在没有接收到确切的消息前，对方始终会去揣测你的想法。

同样站在信息发出者的角度，当我们发出一条信息时，必然是希望尽早得到对方的回应。收到消息时及时回复信息是基础的职场礼仪，这一点在邮件上也同样适用。

4. 一条信息对应一件事情

一件事情的描述不要分成多个短句、多条信息进行发送，一方面不利于整体信息的传递，另一方面不利于接收方对信息的理解。当一件事情涉及的内容信息量较大时，做到一条信息对应一个要点，这样也能帮助信息接收者建立起完整的内容结构。

5. 为发出的言论负责

不管你愿不愿意，都必须接受一件事情：微信等软件已经变成工作的一部分，已经不再是纯粹的信息交流软件，而是一种职场工作工具。这种性质的变化意味着我们不能再以自我为中心的形式在其中展示内容，而是从一个职场人的角度展示内容。

你与同事的对话内容可能因为一张截屏被传播开来，你在朋友圈发的言论可能会被同事、领导进行过度解读，这些都是可能发生的事情。

你不是你，你是一个职场人，尽管这个说法让人很难接受，却是客观的要求。职场成长本身就是一个不断接受与不断改变的过程。而“自我”与“职场人”之间的要求并不一定存在冲突，两者并不是一个二选一的选择题，当我们兼容这两者角色时，自然也就不在困于两种角色的矛盾中，以更从容的方式去面对职场与生活的种种角色。

与口头语言交流相比，文字交流的优势在于当需要表达一段信息时，我们有更多的时间去思考、去组织语言内容。发出一段文字信息前，只要有足够的思想准备与语言组织检查，人人都能成为好的文字沟通者。

很多时候，职场中好的结果都来自“我只是认真”的起点，同样，一次好的文字沟通，也唯有“细心”二字才能做到。

》后记

我所理解的职场与沟通

关于沟通表达的内容，到这里已经讲解结束。剩下的文字，是我自己的一些感想。

从答应本书约稿的那一刻起，我开始构思这本书的框架，根据过往的职场生活经历，我将职场沟通拆解成了汇报、提问、说服、批评、表扬等十多个场景，每个场景尽可能地用案例和语言结构建立起表达的逻辑，试图让内容更贴近职场生活中的应用。但即便看了这些内容，并不代表你在遇到这些场景时就能表现得更好。

表达是单向的输出，而沟通是双向的交流。表达的技能只是沟通的基础，但决定不了沟通的水平。职场生活中的沟通场景与技能不是word文档，可以复制粘贴。从表达结构的背后看到思维方式，并将其内化为自身能力的一部分，这是我们在学习沟通与表达时需要努力的方向。

书中介绍了一些语言结构与表达方法，但这些都是外在信息的传递表象。成为一个优秀的沟通者，关键点并不在此。

我们看书，希望从书中寻找答案和方法，去提高自身的能力。其实看书是培养不了能力的，它只能积累我们的认知信息，而从信息到能力，中间还有巨大的鸿沟。这个鸿沟，叫做“听过很多道理，却过不好这一生”。就好比中学生可以背出“大漠孤烟直，长河落日圆”，但如果不是在历经风沙洗礼之后再站在西北广袤的沙漠中，是无法体会这种感觉的。

我最喜欢的一个故事，是小学课本上的《小马过河》。

小马第一次过河，不知道河水的深浅，去问老牛，老牛说：“水浅得很，还没到我膝盖呢。”刚准备过河时松鼠跑出来说：“小马你千万不要过河，水深得很，昨天我一个伙伴刚刚被河水淹死了。”小马犯愁了，水到底是深还是浅呢？于是他回去问妈妈，妈妈说：“傻孩子，水是深是浅，你自己试试不就知道了吗？”

我喜欢这个故事，是因为它包含职场中最重要的两种思维方式。第一种是实践思维，只有自己实践过的事情，其中的所获所得才真正属于自己。第二种是批判性思维，始终保持对信息的质疑，并且用实践去验证我们的质疑。

写这本书的时候，同事问了我一个问题：沟通是一件可以练习的事情吗？我相信绝大多数人的答案是：是的，沟通是一件可以练习的事情。

我原来也是这么认为的，但当我写到此刻，再回过头来看每个章节，发现似乎并不是这样。能练习的只是表达上的技巧，而表达技巧只是沟通中的一小部分，甚至是很小很小的一部分。

我们可能练过很多表达的技巧，但从表达技巧到沟通高手之间的差距，不仅仅在于沟通中需要用到各种各样表达技巧的组合拳，而在于对一个沟通高手而言，沟通是一件无需考虑技巧的事情，他不会考虑在这个场景下我需要用这个句式、那个场景下我需要用那种结构。

《孙子兵法》有云："兵无常势，水无常形，因敌变化而取胜者，谓之神。"所以，沟通很难，即便已经在语言表达上游刃有余，或许对于沟通而言只是初窥门道。

这个说法或许会打击你，但事实如此。职场亦是如此，很多时候，我们倾注所有的心思与精力去做的一件事情，可能结果只是刚好及格，甚至有时你发现自己的极限只是别人的起点。这无疑是一件令人感到泄气的事情，但学习的关键不在于将自己放在横向维度与他人对比，而是在纵向维度将今天的自己与昨天的自己进行对比、将明天的自己与今天的自己进行对比。

认准一个方向，往前迈出的每一步都是成长。

张伦锦

2019 年 2 月